唐爱军◎著

《黑格尔法哲学批判》导读

中共中央党校出版社
The Central Party School Publishing House

图书在版编目(CIP)数据

《黑格尔法哲学批判》导读/唐爱军著. —北京:中共中央党校出版社,2014.1(2016.3 重印)
(马克思主义经典著作导读系列)
ISBN 978-7-5035-5311-0

Ⅰ.黑… Ⅱ.唐… Ⅲ.《黑格尔法哲学批判》—马克思著作研究 Ⅳ.A811.21

中国版本图书馆 CIP 数据核字(2014)第 014238 号

《黑格尔法哲学批判》导读

责任编辑 曲 炜 王 琪
版式设计 李 灵
责任校对 王明明
责任印制 王洪霞

出版发行 中共中央党校出版社
(北京市海淀区大有庄 100 号)
邮　　编 100091
网　　址 www.dxcbs.net
电　　话 (010) 62805800(办公室)　(010) 62805824(发行部)
经　　销 新华书店
印　　刷 北京四季青印刷厂
字　　数 76 千字
版　　次 2014 年 1 月第 1 版　2016 年 3 月第 2 次印刷
开　　本 880 毫米×1230 毫米 A5
印　　张 4.5
定　　价 11.00 元

目　录

CONTENTS

目　录

一、《黑格尔法哲学批判》的缘起、思想资源

（一）“物质利益”困惑

马克思写作《黑格尔法哲学批判》（以下简称《批判》）起源于《莱茵报》时期的理论探索和理论困惑。《莱茵报》时期是马克思思想形成、发展与转变的重要阶段。马克思在这一时期直接投身政治斗争，对原来的理性主义哲学信仰日益产生动摇，诱发世界观发生根本转变。1842 年 4 月，马克思开始为《莱茵报》撰稿，同年 10 月至次年 3 月任主编。马克思担任主编以后，《莱茵报》日益表现出革命民主主义倾向，终于在 1843 年 3 月 31 日被查封。马克思在《莱茵报》工作期间大致可分为两个阶段。第一个阶段主要的理论工作：批判书报检查制度、捍卫出版自由，与“自由人”公开决裂。在《评普鲁士最近的书报检查令》等文章中，马克思主要站在黑格尔哲学立场上，强调“精神”、“真理”自由本质，对伪善、非自由书报检查制度进行了尖锐驳斥，指出思想自由是人类精神的体现，是道德的真正基础，书报检查制度压制思想自由，是对“理性

精神”的亵渎。只有实现出版自由才是符合理性本质的真正要求。“自由人”是青年黑格尔派于1841年成立的团体，他们立足抽象空洞的自我意识立场，以自我意识名义到处否定一切，脱离现实和客观事物。尽管马克思当时仍停留在黑格尔唯心主义立场上，但他坚持思维与存在的同一性，承认思想具有客观性，主张关注现实，与实际相结合。马克思与“自由人”决裂显示着其思想发展的基本趋向。这一理论的基本趋向在《莱茵报》后期逐步体现出来。第二阶段最大的理论事件就是接触到物质利益问题并对这样的问题感到困惑和苦恼。马克思在以后的《〈政治经济学批判〉序言》中说道：“1842—1843年间，我作为《莱茵报》的编辑，第一次遇到要对所谓物质利益发表意见的难事。”[①] 马克思在这里所提的关于物质利益问题的“难事”主要有三件：第一，莱茵省议会关于林木盗窃和地产分析的讨论。第二，普鲁士当局与《莱茵报》之间就摩赛尔农民贫困状况展开的论战。第三，关于自由贸易和保护关税的辩论。这些“难事”导致了马克思的苦恼。我们通过前两个事件来具体加以说明：

关于林木盗窃问题的辩论是马克思第一次碰上了与广大贫苦农民息息相关的物质利益问题。在19世纪40年代，林木盗窃问题日益严重起来。当时普鲁士各地审理的20万件左右的刑事案中，其中约有15万件是属于林木盗窃的。造成这一情

① 《马克思恩格斯选集》第2卷，人民出版社1995年版，第31页。

况的根本原因是，资本主义不断发展加剧了农民的贫苦化，农民不断破产或丧失土地，迫使他们不得不到树林里拾捡枯枝，作为生活的来源。这也导致生计无着落的贫苦农民与林木占有者之间的矛盾日益尖锐。普鲁士国家为了维护林木占有者的利益，制定越来越严厉的法律惩罚这一行为。贵族等级在莱茵省议会辩论中居然要求把捡枯枝也算作盗窃林木行为而加以制裁，这一要求居然得到普鲁士王国政府的赞许。1842 年秋，新法律即将颁布的消息传到各地，引起广泛的关注。正是在这一背景下，马克思写出了《关于林木盗窃法的辩论》一文。

马克思在该文中坚定地站在劳动人民立场上，为受压迫的贫苦群众的利益辩护，论证了农民行使其习惯权利的正当性，指责了把农民行为视为“盗窃”的林木占有者及其代言人的卑劣行径。但马克思在这一次为农民物质利益发表意见的一文中，感到的是深深的“为难”，这体现为“理性的法”与“私人利益”的对立。对此，马克思的理论态度是矛盾的。第一，马克思的世界观仍是黑格尔唯心主义的，把国家看作理性精神，把法律看作自由的实现。借助于国家的理性精神和法的自由本性，马克思批判私人利益，指责现实中的普鲁士国家及其法律只是为林木占有者说话，维护他们的特殊利益。在马克思看来，私人利益和真正的法完全对立。“事物的法的本质”就是理性，法律只有成为该本质的普遍代表时，才是合理性的。相反，私人利益诱使法律离开法的真正本质，在法律的假象后面制造出法的背面，即“不法”。马克思说道，利益离开法，把我们的注意力或者引到外部世界去，或者引到自己的理性中去，从而在法的背后大耍花招。这段话说的无非是，利益追逐的是与理性法脱节的外在物质，狭隘、实际而卑鄙的自私心理是它的“理性”。具体到实际，为利益所驱使和支配的林木占有者及其代言人（“立法者”）都不可能是法的普遍的和真正的代表，他们所宣布的、论证的法律都是不合理的、非人道的，即“不法”。可见，在这里，马克思以法的名义，以理性、自由名义声讨利益。而普鲁士国家及法律“屈从”于林木占有者的私人利益，它们是“违反人民和人类神圣精神的罪恶”。马克思斥之为“下流的唯物主义”。第二，从经验事实出发，马克思得出了与他的理性主义立场完全相反的结论：私人利益具有重要作用，决定了国家和法。马克思认为，法的利益只有当它是利益的法时才能说话，一旦法的利益和这位神圣的高尚人物发生抵触，它就得闭上嘴巴。是利益决定法，而不是法决定利益。在实际生活中，利益战胜了法，马克思接着说道，应该为了保护林木的利益而牺牲法的原则，还是应该为了法的原则而牺牲林木的利益？结果利益占了法的上风。国家是理性体现，法律是自由体现，国家应公正无私对待一切公民等黑格尔主义的观点受到了巨大的冲击；“利益占了法的上风”与马克思单纯的理性世界观信仰格格不入。

在马克思那个时代，摩塞地区的葡萄酒农，大量破产，生活异常窘迫。1842年12月中旬，《莱茵报》发表两篇报道，其中一篇报道了该地区乡镇管理中的不合理的现象，这引起了政府不满。莱茵总督冯·沙培尔指责该报道失实，“是企图煽起不满情绪并削弱当局和臣民之间的联系”，责令作者用具体事实作出答复。马克思站出来为报道该地区情况的记者辩护，1843年1月在《莱茵报》上发表了《摩塞尔记者的辩护》一文。在该文中，马克思虽然基本立场未变，但旧哲学的信仰危机在加深，不断突破黑格尔的国家观。第一，反思国家是伦理、道德共同体的观点，开始正视到国家本身的“缺陷”。当时，普鲁士当局的官僚们根本不承认摩塞尔地区酒农贫困同自己有关，他们总是在他们治理范围之外，在自然灾害之中，以及与任何人无关的偶然现象中去寻找贫困的原因。马克思指出，如果国家的某一地区经常陷于贫困状况，这就说明政府及其管理原则有问题，同客观实际有矛盾。马克思并不认为摩塞尔地区的贫困状况是由自然灾害或农民个人生活条件造成的，而是由政府以及它的“不合理的”管理原则造成的。马克思进一步把国家的管理原则理解为官僚制度。根据官僚制度的管理原则，任何官员只是服从于上级，执行由上级规定的任务，只对上级负责，不顾群众的死活；在官僚机构和被治理者之间存在敌视关系。第二，国家及其管理原则不是由个人意志决定的，而是由客观关系决定的。在研究国家现象时，不应用当事人的意志解释一切，而应看到人的活动背后的“客观关系”或

"本质的关系"。当然马克思此刻还没有意识到这样的"客观关系"就是物质的社会关系，但可以肯定的是，他认识到再不能从抽象理性或人的意志出发看待国家现象，而是有意识地探求决定国家的客观现实力量。

由上面的分析我们可以知道，物质利益问题第一次真正进入到马克思的理论视野中，向他的原初的理性主义的世界观发出了尖锐的挑战，而这种理性世界观几乎不能直接对物质利益问题作出"逻辑一致性"的判断，在问题的解决方面更是无能为力，因此，苦恼、为难接踵而来。物质利益问题动摇了马克思头脑中的黑格尔国家哲学和法哲学的观点，比如发现私人利益对于国家和法律的决定作用、国家的官僚制本质不是理性道德的化身。马克思意识到，有必要对使他在物质利益问题面前感到苦恼的思想根源——黑格尔唯心主义世界观特别是他的国家哲学和法哲学的理性主义原则进行全面的清算："为了解决使我苦恼的问题，我写的第一部著作是对黑格尔法哲学的批判性分析。"①

（二）费尔巴哈人本学唯物主义

物质利益问题使马克思意识到黑格尔哲学的缺陷，着手全面清算黑格尔的国家哲学和法哲学。但批判的思想武器是什么呢？当马克思正在苦恼、彷徨的时候，费尔巴哈发表的《关于

① 《马克思恩格斯选集》第2卷，人民出版社1995年版，第32页。

哲学改造的临时纲要》（1842 年）、《未来哲学原理》（1843 年）以及之前的《基督教的本质》（1841 年）极大地启发并鼓舞了年轻的马克思和恩格斯。恩格斯在其名著《路德维希·费尔巴哈和德国古典哲学的终结》中曾指证了费尔巴哈的巨大影响，特别是《基督教的本质》的“解放作用”。“它直截了当地使唯物主义重新登上王座，这就一下子消除了这个矛盾。自然界是不依赖任何哲学而存在的；它是我们人类（本身就是自然界的产物）赖以生长的基础；在自然界和人以外不存在任何东西，我们的宗教幻想所创造出来的那些最高存在物只是我们自己的本质的虚幻反映。魔法被破除了；‘体系’被炸开并被抛在一旁了，矛盾既然仅仅是存在于想象之中，也就解决了。——这部书的解放作用，只有亲身体验过的人才能想象得到。那时大家都很兴奋：我们一时都成为费尔巴哈派了。”① 费尔巴哈的哲学唯物主义和人本主义思想成为马克思当时清算黑格尔哲学特别是法哲学的最为重要的思想资源或理论依据。

费尔巴哈独立的哲学活动是以对宗教和思辨哲学的批判“起家”的。1838 年 12 月发表《实证哲学批判》一文，说明哲学与宗教的根本区别，表达了对黑格尔哲学的批判态度，因为黑格尔把哲学和宗教等同起来。1839 年，费尔巴哈写作了《黑格尔哲学批判》，阐述了一种以自然界为世界原则的唯物主义立场，公开与黑格尔的唯心主义世界观宣战。黑格尔哲学是

① 《马克思恩格斯选集》第 4 卷，人民出版社 1995 年版，第 222 页。

关于精神及其运动的理论学说，它从精神出发，把一切外在感性事物理解为精神活动的产物；绝对精神是整个世界的本质。费尔巴哈的观点恰恰相反："哲学是关于真实的、整个的现实界的科学；而现实的总和就是自然（普遍意义的自然）。最深奥的秘密就在最简单的自然物里面，这些自然物，渴望彼岸的幻想的思辨者是踏在脚底下的。只有回到自然，才是幸福的源泉。把自然了解成与道德上的自由相矛盾，是错误的。"① 立足于这样的自然观，黑格尔哲学就是根本性的颠倒："他把细看起来极度可疑的东西当作真的，把第二性的东西当作第一性的东西，而对真正第一性的东西不予理会，或者当作从属的东西抛在一边。"② 费尔巴哈在《基督教本质》中，加深了对宗教问题的研究，将宗教批判和思辨哲学批判结合起来，进一步深化了对黑格尔哲学的批判。该书的核心观点是：宗教的本质是人的本质，而神学的秘密就是人本学。费尔巴哈指出，无论是自然宗教中的神灵，还是基督教中的上帝，都是人们根据自己的形象，通过想象、幻想加工而成的。不是神按照他的形象造人，而是人按照自己的形象造神。宗教的本质是人的本质，神的概念不过是人的本质力量的对象化和异化。一切属神的内容都应当被还原为属人的内容。显而易见，上帝是宾词，人才是真正的主词。宗教将这一关系颠倒过来，它把上帝变成主体，

① 费尔巴哈：《费尔巴哈哲学著作选集》上册，商务印书馆 1984 年版，第 70 页。

② 费尔巴哈：《费尔巴哈哲学著作选集》下册，商务印书馆 1984 年版，第 447 页。

而把人变为宾词，它直接完成的乃是人的本质的异化。同宗教一样，以黑格尔为代表的思辨哲学也是颠倒的世界观。正像神学把人的本质异化出来，抽象为与人相对立的彼岸世界的神灵一样，思辨哲学也是把人与其本质相异化，使人的思维、理性和意识脱离人而存在，并且抽象为绝对精神，进而将它理解为自然界和现实的人的本质。费尔巴哈指出，神学是思辨哲学的本质，黑格尔哲学无非是神学的恢复，是基督教的最后一个理性支柱。正是由于神学与思辨哲学在本质上的一致性，费尔巴哈认为批判思辨哲学的方法与批判宗教的方法没有什么不同，进而将“主宾颠倒”或“主谓颠倒”的宗教批判方法直接运用于思辨哲学的批判中。“我们只要将宾词当作主词，将主体当作客体和原则，就是说，只要将思辨哲学颠倒过来，就能得到毫无掩饰的、纯粹的、显明的真理。”[①]

费尔巴哈批判黑格尔哲学的基本成果是：黑格尔错误理解了主词与宾词、思维与存在的关系。费尔巴哈的“主宾颠倒”方法被马克思继承，运用于黑格尔法哲学的批判之中。但费尔巴哈的影响不仅如此，他的人本主义思想也为马克思批判黑格尔法哲学提供了理论支撑。我们不能把费尔巴哈思想完全等同于18世纪的传统唯物主义，实际上费尔巴哈在《关于哲学改造的临时纲要》和《未来哲学原理》中阐述了一种全新的哲学

① 费尔巴哈：《费尔巴哈哲学著作选集》上册，商务印书馆1984年版，第115—116页。

原则，建立了他的人本学唯物主义体系。费尔巴哈把“人”提升为人本主义哲学的最高范畴，是新哲学的至高无上的主导原则；它是新哲学的出发点和归宿点。费尔巴哈把“人”理解并规定为思维与存在的统一。黑格尔把绝对精神或上帝规定为思维与存在、主体与客体的统一，实际上统一本身仅仅是思维，没能真正触及、包含外在客观世界。根据费尔巴哈的观点，思维与存在的统一，只有以“人”为这种统一的基础和主体时才是可能的。人是能够思维的感性存在，他能够将物质与精神、思维与存在、感性与理性等都在他自身中结合起来。由于“人”是思维与存在的统一的真正基础和主体，那么，“人”也是一切对象的本质，比如宗教、国家以及人类社会都应当从“人”的理解中获得自身的规定，或是人的本质的实现，或是人的本质的异化。

“人”是新哲学的最高范畴，也是世界的真正主体和基础。费尔巴哈把这样的“人”理解为“现实的人”，他具有以下几个特征：

第一，人是感性实体。费尔巴哈用“感性”来对抗黑格尔的“理性”。所谓感性，首先指的是对象在感觉之外、在语言和思维之外的实实在在的存在。感性存在乃是真正的、终极的存在。这种“感性的、个别的存在的实在性，对于我们来说，是一个用我们的鲜血来打图章担保的真理”[1]。人是感性实体，

① 费尔巴哈：《费尔巴哈哲学著作选集》上册，商务印书馆 1984 年版，第 68 页。

意味着否认从纯粹思维或自我意识来理解人的存在，意味着人首先是有血有肉的人，有肉体、有爱、有情欲，等等。

第二，人是具有类意识的存在。在阐扬人的本质的过程中，费尔巴哈提出了“类”的概念，马克思后来继承了这一概念并发展为“类本质”。费尔巴哈指出，“类”是人的绝对本质，不同于孤立个体所具有的片面性和有限性，它是绝对的、无限的。“类在无限多和无限多样的个体中实现自己，并且在这种实现里面显示其本质之无限性。”[①] 那么，怎么才能直观到这种类本质呢？费尔巴哈指出，可以在人的对象即上帝身上得到确证。宗教本质是人的本质，上帝是人的本质的对象化，体现了人的固有本质。上帝是最高实体，说明它体现了人的“最高”本质即类本质。因此，人应当在上帝这个对象身上，直观到他的全部类本质。费尔巴哈指出，它是理性、意志和爱的三位一体。

第三，人是社会的存在。现实的人不是孤立的个体存在，被孤立起来的“我”相对应的是“你”。人的社会存在指的是我对于你的存在，或你对于我的存在，社会是由诸多的“你”和“我”组成的，现实的人就是生活在这样的共同体中的。并且这样的社会属性构成了人的本质。“人的本质只是包含在团体之中，包含在人与人的统一之中。”[②] 当然，我们也要意识到

---

① 费尔巴哈：《费尔巴哈哲学著作选集》下册，商务印书馆 1984 年版，第 193 页。

② 费尔巴哈：《费尔巴哈哲学著作选集》上册，商务印书馆 1984 年版，第 135 页。

费尔巴哈仍然停留在机械的、抽象的理论水平理解人的社会属性，他并没有把握人的真正的社会和历史属性。后来，马克思在《关于费尔巴哈提纲》中批评了费尔巴哈的观点，并科学解答了人的社会属性问题。

费尔巴哈的诸多观点在《批判》中都被马克思所运用。例如，运用"主谓颠倒"方法批评黑格尔国家观，正确理解市民社会与国家的关系；从现实的人和人的本质出发理解政治国家，采用人本主义异化观批评市民社会与国家的分离，批判君主制国家；用人的本质框架来论证"真正的民主制"等等。

但我们不能凭此就认为，《批判》的理论基础完全是费尔巴哈哲学，马克思完全依靠费尔巴哈来批判黑格尔。虽然费尔巴哈哲学是马克思批判黑格尔法哲学的重要思想资源和理论依据，《批判》流露出费尔巴哈哲学的诸多痕迹，但不可否认，马克思与费尔巴哈之间的基本理论差别也显示出来，实际上马克思是在消化吸收费尔巴哈哲学思想，在一个更高的理论层次上清算黑格尔哲学的。

（三）黑格尔《法哲学原理》的核心观点

黑格尔的《法哲学原理》出版于 1821 年，它的出版以及黑格尔在柏林大学的讲学活动使得他成为普鲁士王国的"官方哲学家"。黑格尔的法哲学和国家哲学的观点成为为普鲁士王国专制统治辩护的理论依据。《法哲学原理》包含三大部分：抽象法、道德、伦理。其中伦理部分又包括了家庭、市民社会和国家三个环节。恩格斯曾说过："黑格尔的伦理学或关于伦理学说就是法哲学，其中包括：（1）抽象法，（2）道德，(3）伦理，其中又包括家庭、市民社会、国家。在这里，形式是唯心主义的，内容是实在论的。法、经济、政治的全部领域连同道德都包括进去了。"[①] 在马克思和恩格斯看来，《法哲学原理》的核心内容是阐述市民社会与国家的关系。在市民社会与国家的关系问题上，黑格尔有两个基本的观点。

1. 市民社会与国家的区分

黑格尔的"市民社会"概念直接来源于17、18世纪的英法启蒙思想家。但他们几乎都是在"国家"意义上使用"市民社会"概念的，并未有意识地将市民社会与国家区分开来。在他们看来，"市民社会"是与自然状态相对而言的，是自然状态之外的政治共同体。人民通过社会契约建立了公共权威、政治制度、法律系统，从而产生了"市民社会"，其本质特征或主体要素是政治权力或主权。其实，17、18世纪的启蒙思想家和哲学家的"市民社会"指的就是国家。黑格尔是系统阐述市民社会理论的第一人，在他那里，市民社会不同于政治国家，两者之间有着严格的区分。

---

① 《马克思恩格斯选集》第4卷，人民出版社1995年版，第236页。

（1）从“伦理”发展阶段出发，看市民社会与国家的区分。在黑格尔法哲学体系中，“市民社会”和“国家”都属于“伦理”的两个逻辑环节或发展阶段，我们首先在“伦理”框架中区分两者。根据黑格尔的三段论，意志自由的实现要经历三个阶段：法、道德和伦理。“伦理”是对前两者的综合与超越，它包括了客观的抽象法和主观的道德两个环节。“伦理”的发展同样经历三个阶段，并通过三个不同实体即“家庭”、“市民社会”以及“国家”来体现不同阶段的伦理精神。首先，家庭是直接的或自然的伦理精神，它是以婚姻为基础的血缘共同体，以人类最原始的情感即“爱”为基本原则。家庭是因爱的情感将家庭成员联系起来的共同体，在这个共同体中，人们不是用利益原则，而是用“爱的原则”处理成员之间的相互关系。其次，市民社会是伦理精神的否定形式，是伦理的丧失。家庭的伦理解体的地方，正是市民社会开始的地方。在市民社会中，家庭共同体已解体，涣散为多数个体，伦理的自然同一性被扯断，人与人之间的利益交往取代了家庭成员之间的情感交往，利益原则取代了爱的原则、特殊性原则取代了同一性原则。在市民社会里，每个人都是独立的个体，追逐自己的特殊利益，并在私人利益原则支配下、相互满足对方需要而形成利益共同体。最后，国家是伦理精神的最高实现，是伦理整体。“自在自为的国家就是伦理性的整体，是自由的现实化。”[1] 国

---

① 黑格尔：《法哲学原理》，商务印书馆 2009 年版，第 258 页。

家不是按照自然关系建立起来的血缘共同体，也不是根据特殊性原则组合成的利益共同体，而是根据普遍性原则建立起来的理性共同体，关注的是普遍利益，实现的是彻底的伦理精神。由“伦理”发展的三段论，我们可以知道，市民社会和国家属于“伦理”的不同发展阶段，体现的是不同形式的伦理精神，或者说，是伦理精神的不同阶段的显现。市民社会是伦理精神的抽象形式或否定形式，它以特殊性为基本原则，是特殊利益领域。国家是伦理精神的最终形式，它实现了普遍性与特殊性的真正统一，是普遍性的、真正理性的领域。黑格尔提醒我们，不能将“普遍性领域”的国家退化理解为“特殊领域”的市民社会。“如果把国家同市民社会混淆起来，而把它的使命规定为保证和保护所有权和个人自由，那末单个人本身的利益就成为这些人结合的最后目的。”①

（2）从人类发展过程看，市民社会与国家的区分、分离是现代世界的必然产物。市民社会与国家的相互分离是现代社会的基本特征，也是现代社会危机的根本。在黑格尔那里，市民社会并不是存在于一切历史时期，而只存在于市场经济发展的现代社会之中。“市民社会是在现代世界中形成的，现代世界第一次使理念的一切规定各得其所。”② 在传统社会，“市民社会”与“国家”是合二为一的，或者说，市民社会还没有从国

① 黑格尔：《法哲学原理》，商务印书馆 2009 年版，第 253—254 页。

② 黑格尔：《法哲学原理》，商务印书馆 2009 年版，第 197 页。

家那里独立出来。传统社会中的人们根据家庭、血缘纽带形成自然共同体，依靠宗教信仰实现社会整合。在这样的社会，人们并没有摆脱自然纽带束缚而作为独立的个人存在，人们也无法根据私人利益需要组成社会共同体；在家庭和氏族伦理的强大力量支配下，特殊性原则也无法获得道德上的承认。可见，在这样传统模式的社会形态里，不可能出现市民社会与国家相分离的现象，不可能有独立的市民社会存在。只有到了现代，随着商品经济的发展，人们不断摆脱传统的自然纽带和血缘纽带的束缚而成为具有独立人格、个人需要的个体，通过“相互需要”建立起个人之间的普遍交往关系，形成利益共同体，进而出现了“特殊利益的场所”即市民社会。市民社会从传统国家中分离出来，成为一种独立的力量，与政治国家相对峙。黑格尔的市民社会与国家分离的观点得到了马克思的肯定。马克思在《批判》中说道：“黑格尔觉得市民社会与政治社会的分离是一种矛盾，这是他的著作中比较深刻的地方。”[①] 这里的“政治社会”就是国家。市民社会与政治社会的分离指的就是市民社会与国家的分离。

由上可见，从“伦理”和现代世界事实两个角度看，市民社会都与国家相分离，市民社会是一种与国家相分离的不同领域和独立力量。黑格尔具体规定了市民社会包含三个环节：第一，需要体系。通过个人劳动以及通过其他人的劳动和他人需

① 《马克思恩格斯全集》第 3 卷，人民出版社 2002 年版，第 94 页。

要的满足，来使自己的需要得到满足。第二，司法。依靠法律来维持市民个人需要的满足，人身和财产的保障。第三，警察和同业公会。维护特殊利益、公共福利，维持社会秩序。

2. 国家高于市民社会

黑格尔法哲学的另一个核心观点就是国家高于市民社会。与英法自由主义思想家不同，黑格尔开辟了国家主义的法哲学研究路径；国家至上的观点也成为黑格尔保守主义立场的集中体现。我们可以从三个方面来论述黑格尔的“国家高于市民社会”的观点。

(1) 黑格尔反复强调国家在伦理上的至高无上性。根据“伦理”发展的三个阶段，国家是对家庭和市民社会两个环节的扬弃，国家高于家庭和市民社会这两个环节，这两个环节也是以国家为自身的发展目的。黑格尔在《法哲学原理》中强调国家在伦理上的至高无上性比比皆是：“国家是伦理理念的现实——是作为显示出来的、自知的实体性意志的伦理精神，这种伦理精神思考自身和知道自身，并完成一切它所知道的，而且只是完成它所知道的。”① “国家是绝对自在自为的理性东西，因为它是实体性意志的现实，它在被提升到普遍性的特殊自我意识中具有这种现实性。这个实体性的统一是绝对的不受推动的自身目的，在这个自身目的中自由达到它的最高权利，正如

① 黑格尔：《法哲学原理》，商务印书馆 2009 年版，第 252 页。

这个最终目的对单个人具有最高权利一样，成为国家成员是单个人的最高义务。”[①]“国家是在地上的精神。”[②]正是由于国家的最高伦理现实性，决定了市民社会的个人要以成为国家成员为最高义务和最高目的；个人的私人需要以及满足需要的活动方式都要以国家精神为出发点和结果。也正是由于国家高于市民社会，使得市民社会的个人只有成为国家成员，才是真正的、合乎理性的人。“由于国家是客观精神，所以个人本身只有成为国家成员才具有客观性、真理性和伦理性。”[③]

（2）国家高于市民社会决定了市民社会被国家所克服，即市民社会过渡到国家。黑格尔肯定了市民社会否定家庭伦理的必然性，但它并不具有最终的合理性。市民社会只是伦理发展中的一个抽象的、中介的环节，它需要被扬弃到更高阶段，这便是国家。市民社会是特殊利益争夺的场所，个人欲望和意志无限扩张不加以限制和引导，就必然导致社会秩序的混乱、人的精神的异化和道德伦理的丧失。一方面，不同利益主体只追逐自身利益，最终将导致相互之间的竞争、对立乃至冲突，使市民社会成为“一切人反对一切人的战场”，社会秩序必然会混乱；另一方面，市民社会中的人们只是利益联合体，人与人之间的关系是相互满足需要，实现自身利益的工具关系，他人

① 黑格尔：《法哲学原理》，商务印书馆2009年版，第252页。

② 黑格尔：《法哲学原理》，商务印书馆2009年版，第258页。

③ 黑格尔：《法哲学原理》，商务印书馆2009年版，第254页。

只是“我”的工具或手段，一切人的本质、精神都会被异化、物化。能够克服市民社会、使市民社会摆脱外在必然性限制的就是国家。国家实现的是真正的普遍性原则和理性原则，它扬弃了市民社会的利己性，人们的社会关系是根据理性原则和道德精神来建立的，“人是被规定着过普遍生活的”。当然，国家对市民社会的克服，不代表它不承认个人的特殊利益和私人需要，而是将之整合到更高层次上，实现普遍性和特殊性的统一。“国家的力量在于它的普遍的最终目的和个人的特殊利益的统一。”①

① 黑格尔：《法哲学原理》，商务印书馆 2009 年版，第 261 页。

二、《黑格尔法哲学批判》的主要内容

《批判》是一部未完成手稿，写于 1843 年。《批判》是马克思早期的一部重要著作，也是马克思批判黑格尔哲学的第一部著作，它在马克思主义形成的历史中具有重要的意义。这部著作于 1843 年夏天写于莱茵省的克罗茨纳赫，故又称为《克罗茨纳赫手稿》。原稿共 39 张，没有标题，现在的标题是 1927 年苏联共产党中央马克思列宁主义研究院发表这一手稿时加的。中译本收入人民出版社 1956 年出版的《马克思恩格斯全集》第 1 卷，以及 2002 年出版的《马克思恩格斯全集》第 3 卷。这部著作是对黑格尔《法哲学原理》第 261—313 节阐述国家问题的部分所作的分析和批判。马克思退出《莱茵报》后，系统地研究了欧美一些国家的历史，尤其是法国大革命的历史，并阅读了费尔巴哈的《关于哲学改造的临时纲要》等著作，得到很大启发。于是，他开始了对黑格尔哲学特别是法哲学的批判。《批判》表明马克思逐步脱离了黑格尔主义基地，开始了新世界观和新哲学的探索，是马克思走向并不断创立唯物史观的最初的“起点”，也是马克思从唯心主义转向唯物主义，从革命民主主义转向共产主义的“起点”。因此，我们应当在马克思思想发展进程中、在创立唯物史观的历史中看待《批判》，实事求是地评价《批判》的理论内容和思想意义。在评价《批判》的问题上，我们要坚决反对两种错误的观点：第一种观点是完全忽视《批判》中的理论创新和新世界观的因素，将《批判》看作是“不成熟的”著作而加以拒斥。第二种观点是完全不顾《批判》中的旧哲学的痕迹，否认《批判》的理论探索的性质，将《批判》拔高为完全成熟、完备的理论著作，用马克思后来发展形成的唯物史观来诠释《批判》。我们要避免这两种错误的倾向，用一种辩证的、发展的眼光对待《批判》，客观地评价《批判》的思想价值和理论意义。

（一）市民社会决定国家

市民社会和国家的关系是《批判》的中心问题。马克思通过批判黑格尔法哲学，得出了“不是国家决定市民社会，而是市民社会决定国家”的基本理论观点，为创立唯物史观打开了一个“出口”。

1. 市民社会概念的历史演变

我们首先来看看市民社会概念的历史演变。“市民社会”（civil society）术语一直可以追溯到古希腊哲学家亚里士多德，在他那里，市民社会一词指的是“城邦”。亚里士多德所处的那个时代，出现了城市。城市的出现是古希腊从野蛮走向文明、从部落制度走向国家的标志，也是它们区别于古希腊之外的野蛮民族的标志。古希腊罗马学者往往用“市民社会”概念描述城市或城邦的生活状况。亚里士多德在其《政治学》一书中首先提出了“PolltikeKoinonia”，就是英文中的“Political Society”，也就是“政治社会”的含义。在亚里士多德那里，“政治社会”与“市民社会”是等同的。市民社会或政治社会指的就是政治共同体或城邦国家。它指的是，自由和平等的公民在一个合法界定的法律体系之下结成的伦理—政治共同体。可以看出，城邦指的是由公民组成的群体性组织或共同体。但在亚里士多德那个时代，不是每个人都可以成为公民。一个人要成为公民，不是自己说了算，而是由他享有的权力来决定的，最重要的就是要有参与城邦管理的权力。在亚里士多德那里，拥有参与城邦管理权力的公民只限于具有同等地位的少数人，奴隶、妇女、外邦人是被排除在外的。但只要是城邦中的公民就都享有参加政治共同体各种活动的基本权利，享有自由和平等权利。此外，亚里士多德对“市民社会”的理解还包括了“文明社会”或“道德社会”的含义。按照亚里士多德的观点，城邦的形成要晚于家庭和村落这两种共同体，但它在道德上却是最高的共同体。并且，只有在这种共同体中人们才有可能过上最美好的生活。可见，亚里士多德把市民社会看作是善的领域，是道德、正义和美好生活的领域。亚里士多德在《政治学》中对城邦与家庭做了区分，实际上对公共领域与私人领域做了界分，也就是说，城邦对应公共领域，家庭对应私人领域。这样看来，市民社会在亚里士多德那里又有公共领域的含义。综上所述，“市民社会”在亚里士多德那里主要有三层含义：一是指政治共同体，是“政治社会”；二是指道德共同体，是“文明社会”；三是指与家庭相对的“公共领域”。

在亚里士多德市民社会理论基础上，古罗马的政治理论家西塞罗进一步加深了对市民社会概念的理解。据考察，公元前1世纪，西塞罗将亚里士多德《政治学》中的“PolltikeKoinonia”一词转译为拉丁文“Societas Civilis”。根据安东尼·布莱克在《布莱克维尔政治学百科全书》的解释，在西塞罗那里，“Societas Civilis”不仅指单个国家，而且也指业已发达到出现城市的文明政治共同体的生活状况。这些共同体有自己的法典（民法），有一定程度的礼仪和都市特性（野蛮人和前城市文化不属于市民社会）、市民合作及依据民法生活并受其调整，以及“城市生活”和“商业艺术”的优雅情致。从这段话中，我们可以看出西塞罗的市民社会概念有三个主要的意思：一是国家；二是指拥有自己法律的政治共同体，生活其中的人们依照法律生活和交往；三是有着自己都市文化和商业文化的文明社会。西塞罗还对市民社会存在的规范基础和原则做了创新性解释。作为一种共同体，共和国或市民社会是不同公民的群体性组织。但在当时的罗马共和国，各公民之间，特别是贵族与平民之间，因利益不同、观念差异，极易发生冲突，导致古罗马帝国发生危机，甚至趋于分裂。为了弥合不同人之间的裂痕，拯救危机中的罗马帝国，西塞罗在前人思想基础上提出了“正义”和“理性”的规范，它们是市民社会或共同体良好运行的规范法则和基础。

公元17世纪至18世纪，市民社会概念再次受到洛克、卢梭、康德等契约论思想家的重视。在这些契约论思想家那里，市民社会和政治社会乃是同义词，与此相对应的则是自然状态或自然社会。他们所说的自然状态实际上是一种无政府状态，自然社会实际上是一种前国家社会，他们认为人类最初曾处于这种状态或社会之中。虽然他们对自然状态的描述和评价大不相同，但一致认为自然状态或自然社会有着自身不可克服的种种弊端，比如自相残杀、恶性竞争，缺乏和平、安全、人身保障等等，所以它一定要过渡到市民社会或政治社会，这种过渡的方法就是“订契约”：处于自然状态中的人们用订立社会契约的方式自愿让渡自己的部分或全部权利给国家，以换得这一普遍共同体的保护。总之，在17、18世纪启蒙思想家和契约论者那里，对市民社会概念理解与使用大致有三个特征：首先，赋予市民社会概念以强烈的道德判断意味。他们基本在文明社会—野蛮社会的两分法框架中理解市民社会。市民社会对应的是野蛮社会，或前文明社会。处于野蛮状态之中的人们，过着“自然状态”的生活，而无法过上快乐而有道德的生活。

只有当人们自愿组成政治共同体时才能过上有理性、有道德、有快乐的美好生活。政治共同体的出现表明人类理性的发展进入了一个新阶段，是人类进入文明社会的首要标志。其次，往往在政治社会的意义上使用市民社会的概念。他们虽然也承认在市民社会中存在着家庭、私有财产、工商业生活等要素，但认为这不构成市民社会的主要特征，因为这些要素在野蛮社会或自然社会中也同样存在。市民社会的主要特征在于它拥有政府和法律这样一些政治文明因素。最后，他们所讲的政治社会乃是一种公民社会。他们大都反对君主专制国家政体，提倡共和政体。他们实际上是在共和政体基础上理解市民社会或政治社会的。或者说，政治社会是建立在共和政体基础上的。在共和政体中，政府的权威来自人民的授权、民众的同意，政府的目的是保障人民安全，维护人民利益，确保人民过上幸福的生活。在以共和政体为基础的社会中，个人是以公民角色参与到政治共同体中，每个人都必须有公民意识，有参与管理政治共同体的能力。公民角色不同于个人的其他角色，比如在家庭中扮演的角色；公民角色在道德上高于其他角色，并且个人只有作为公民，只有参加到政治共同体的生活中去才有意义。

从亚里士多德到近代的启蒙思想家和契约论学者基本都是在“政治社会”或国家层面上来理解市民社会的，我们可以称之为“古典市民社会概念”。只有到了黑格尔，才出现了“现代市民社会概念”。黑格尔在英国经济学理论的基础上，提出了新的市民社会概念，其最重要的特征就是将市民社会与国家区分开来，突出市民社会的经济内容。黑格尔在《法哲学原理》中对市民社会概念做了非常具体而详尽的论述。具体有下面几点：

第一，具体的人、特殊的个人是市民社会及其活动的基本要素和基本原则。“具体的人作为特殊的人本身就是目的；作为各种需要的整体以及自然必然性与任性的混合体来说，他是市民社会的一个原则。”① 黑格尔认为，市民社会是由各个独立的个体所组成的，是单个人的独立联合。市民社会作为这样的联合，其目的就在于保护所有权和个人自由，因此，具体的、特殊个人的利益和需要、权利和自由就是市民社会的最终目的。

第二，自治性团体如同业公会是市民社会及其活动的另一个要素，它是将个人利益和国家利益、私人利益和普遍利益结合起来的中介，它有助于克服私人利己主义，培育公共道德和普遍精神。“特殊的人在本质上是同另一些这种特殊性相关的，所以每一个特殊的人都是通过他人的中介，同时也无条件地通过普遍性的形式的中介，而肯定自己并得到满足。这一普遍性形式是市民社会的另一个原则。”② 市民社会的每个成员都是按照自己的私人利益和需要行事，相互之间必然产生竞争，乃至

① 黑格尔：《法哲学原理》，商务印书馆 2009 年版，第 197 页。

② 黑格尔：《法哲学原理》，商务印书馆 2009 年版，第 197 页。

冲突，这就需要协调它们的中介。自治性团体就是协调各私人利益的普遍性中介，它代表着共同的特殊利益。如果说国家是代表普遍利益，市民社会的个人代表着纯粹的特殊利益，那么自治性团体就是它们的中介，它力求克服各成员的利己性，而趋向普遍利益。并且，在道德上，它克服利己主义，培养人们为公共利益和普遍利益奉献的公共道德。

第三，"需要的体系"是市民社会及其活动的主要内容。"通过个人的劳动以及通过其他一切人的劳动与需要的满足，使需要得到中介，个人得到满足——即需要体系。"① "需要体系"包括两个方面：一是需要的类型；二是满足需要的方式。黑格尔将多样化的个人需要分为三类：直接的或自然的需要、观念的精神需要和社会需要。满足前两种需要的手段是生产劳动和理论教育。劳动的分工等因素导致了在生产和交换过程中形成了不同等级，每个个人由于财富、技能、教育等方面的不平等而分属于不同的等级。具有相同社会地位的人们组成了同一等级。在黑格尔看来，等级作为一种社会共同体把人们联系起来，个人在等级中才具有其权利、功绩和尊严，从而满足其社会需要。

第四，市民社会的伦理精神处于特殊性阶段，需要由警察使用强制性力量从外部建立其秩序即"外部国家"。"利己的目的，就在它受普遍性制约的实现中建立起在一切方面相互倚赖的制度。个人的生活和福利以及他的权利的定在，都同众人的

① 黑格尔：《法哲学原理》，商务印书馆2009年版，第203页。

生活、福利和权利交织在一起，它们只能建立在这种制度的基础上，同时也只有在这种联系中才是现实的和可靠的。这种制度首先可以看成外部的国家，即需要和理智的国家。”① 在市民社会中，个人的需要、利益即特殊性获得了全面的发展和伸张，但如果个人利益和需要没有节制、没有制约，任其发展的话，必然导致社会恶性竞争、社会秩序混乱以及道德沦丧，人性异化，从而使市民社会处于瘫痪状态，因此外部力量的干涉就成为必要的了。市民社会需要通过警察制止各种损害他人利益的行为、惩罚扰乱社会秩序的犯罪行为，需要通过法院和司法机关来维护人们的所有权和人身安全，需要通过公共组织来监督和管理市民社会中的社会性的、普遍事务，建设市民社会的公共设施等等，从而更好地维护人们的利益和权利。

第五，国家是伦理精神发展的最高阶段，市民社会的存在和利益必须服从于国家，并且要逐步过渡到国家。市民社会以个人利益为基本原则，国家以普遍利益为基本原则。国家在伦理道德上高于市民社会，市民社会要时刻以服从国家的普遍利益为最高目标和努力方向。市民社会最终是要过渡到国家的。国家并不是排斥市民社会的特殊利益或个人利益，而是在更高层次上包含了特殊利益或个人利益，在国家里，实现了特殊利益与普遍利益、个人利益与国家利益的统一。可见，市民社会在黑格尔那里，最终是要被扬弃的，是要过渡到国家的。国家

① 黑格尔：《法哲学原理》，商务印书馆2009年版，第198页。

是市民社会的最终目的和归宿。

我们可以看出，黑格尔的市民社会概念与“古典市民社会概念”有着很大的不同，具体有三个方面：

第一，政治角度与经济角度的不同。黑格尔之前的思想家基本是从政治角度来分析市民社会的，把市民社会看作“政治共同体”或国家。黑格尔并不是从政治角度来看待市民社会的，他首先是将国家与市民社会严格区分开来，把市民社会看作与国家完全不同的独立的力量。并且，黑格尔突出了市民社会的经济内涵，把市民社会看作是一种经济活动领域，是一种“经济共同体”。这一点后来被马克思直接继承，并在唯物史观框架中得到进一步突破和丰富。

第二，道德评价的不同。黑格尔之前的思想家或多或少、或有意或无意地将“市民社会”与“自然状态”、“文明社会”与“野蛮社会”对立起来。市民社会被看作与野蛮社会相对立的文明社会。市民社会的出现是人类文明的标志。人们只有生活在市民社会中才能过上幸福、美好的生活。黑格尔对市民社会的道德判断完全不同。他不是将市民社会等同于完美的文明社会或道德共同体，而是看作是特殊利益的领域，是伦理精神的发展阶段。市民社会从直接的伦理精神发展而来，它使个人自由和个体利益得到了张扬和发展，但在道德上，它并不是完美的，甚至说是有缺陷的。市民社会在道德上会导致利己主义和个人主义，产生“利己心”，这与国家的普遍精神和理性原则是相违背的，所以它在道德上是低于国家的，并且时刻要以国家为最高目的，要过渡到国家这一阶段。

第三，市民社会成员的角色不同。这与我们说的第一方面相似。黑格尔之前的思想家一般将市民社会成员作为“政治人”或公民来看待。比如亚里士多德所说的“人是政治动物”。市民社会在他们那里是政治共同体，它的基本单位就是独立的公民。生活在政治共同体中的人们首要的角色是“政治人”，他们最重要的利益诉求是政治权利和政治自由。人与人之间的交往基本是一种政治性交往，人们之间的关系是一种政治关系。黑格尔从经济角度看待市民社会，同样他也从经济角度来规定市民社会的成员。黑格尔继承了英国古典经济学家的理论，把市民社会成员看作“私人”，即“经济人”。“人是经济动物。”市民社会在黑格尔这里是经济共同体，它的基本单位是独立的利益主体。生活在经济共同体中的人们首要的角色是“经济人”，他们最重要的利益诉求是经济利益、物质需要和经济自由。人与人之间的交往基本是一种经济交往，人们之间的关系是一种经济利益关系，各人根据自己的利益需要结成利益共同体，在这个利益共同体中，每个人通过满足他人的需要，从而满足自己的需要、获得自己的利益。

2. “市民社会决定国家”的基本内容

马克思在《批判》中对“市民社会”概念并没有给出明确

的定义，他更多地是依据黑格尔的说法来理解市民社会的。马克思指出黑格尔关于市民社会的规定有三点是值得注意的：（1）市民社会的定义是一切人反对一切人的战争；（2）在私人的利己主义中既显示出“市民爱国心的秘密”；（3）“市民”，即具有同普遍东西对立的特殊利益的人，市民社会的成员，被看作“固定不变的个人”；同时国家也同“市民”这种“固定不变的个人”相对立。从这三个方面来看，我们可以得出这样的观点，市民社会主要是各利益主体追求自身利益，并与他人利益相竞争、相冲突的活动领域。市民社会的根本“精神特质”是私人的利己主义，它以特殊利益和私人需要为基本原则。马克思基本上也是在这层意义上使用“市民社会”的，所以我们还不能将《批判》中的“市民社会”概念等同于马克思后来著作（如《德意志意识形态》）中的“市民社会”概念。此刻，马克思主要是在法哲学框架中来理解市民社会概念的，后来的著作是在生产方式理论中来理解市民社会的，把市民社会理解为物质生产的社会关系。但是，我们也不能片面地认为，马克思在《批判》中完全照搬了黑格尔的市民社会概念和基本内涵，实际上，马克思并没有完全停留在黑格尔的层次上，比如他在手稿的后部分就逐步意识到从长子继承制和地产等私有财产的角度来界定市民社会概念和基本内容，超越了黑格尔的“需要体系”的理解水平。在“国家”的理解上，马克思也主要继承了黑格尔的观点，但也有所突破，如从现实的人、私有财产、等级要素等方面来理解政治国家和国家制度。

马克思批判了黑格尔法哲学以及思辨唯心主义，得出了“市民社会决定国家”观点，具体内容如下：

（1）批评黑格尔在市民社会与国家关系问题上的目的论倾向。黑格尔认为：“对家庭和市民社会这两个领域来说，国家一方面是外在必然性和它们的最高权力，它们的法规和利益都从属于这种权力的本性，并依存于这种权力；但是，另一方面，国家又是它们的内在目的。”① 可以看出，黑格尔将国家看作是家庭和市民社会的“外在必然性”和“内在目的”。马克思指出，这两者是“二律背反”的：“外在必然性”表明国家和市民社会在本质上是对立的，市民社会以特殊东西而非普遍东西为自身本质的，即以特殊利益和私人需求为本质，它根本上不是以国家为内在目的。所以说，国家是市民社会的内在目的，因此国家高于市民社会的观点是不能成立的。其实，黑格尔头脑中装的是一种目的论的思维方式，一种泛神论的神秘主义，因为在黑格尔这里，“观念变成了主体，而家庭和市民社会对国家的现实的关系被理解为观念的内在想像活动。家庭和市民社会都是国家的前提，它们才是真正活动着的；而在思辨的思维中这一切却是颠倒的。”②

（2）批判黑格尔以思辨的思维为“出发点”，从经验事实

① 黑格尔：《法哲学原理》，商务印书馆 2009 年版，第 261 页。

② 《马克思恩格斯全集》第 3 卷，人民出版社 2002 年版，第 10 页。

出发得出了：市民社会在时间上先于国家，是国家产生的前提。黑格尔从抽象思维出发，根据国家观念来理解家庭和市民社会，把它们理解成国家观念以它自己的材料所进行的“分配”。显而易见，黑格尔在考察市民社会与国家关系问题上，不是从经验事实而是从抽象观念出发，作为“主体”的国家先于市民社会，成为后者得以产生的始因。“作为出发点的事实没有被理解为事实本身，而是被理解为神秘的结果。现实性成了现象，但观念除了是这种现象以外，没有任何其他的内容。观念除了‘形成自为的无限的现实的精神’这一逻辑的目的以外，也没有任何其他的目的。这一节集法哲学和黑格尔整个哲学的神秘主义之大成。”[①] 马克思则是从经验事实出发：由于各种原因和需要，个体通过各种方式组成家庭乃至市民社会，家庭和市民社会又在历史进程中形成国家。“国家是从作为家庭的成员和市民社会的成员而存在的这种群体中产生的。”[②] 家庭和市民社会不是从国家观念中派生出来的，历史经验的事实是，家庭成员和市民社会成员以独特的社会组织方式而形成国家，国家是现实的人的政治存在方式。所以，无论从逻辑上还是时间上，市民社会都是先于国家的，是国家产生的前提条件。“‘市民社会和家庭’在其真实的即在其独立的和充分发展

① 《马克思恩格斯全集》第3卷，人民出版社2002年版，第12页。

② 《马克思恩格斯全集》第3卷，人民出版社2002年版，第12页。

中是作为特殊的‘领域’而成为国家的前提。”[①] 国家不是先于市民社会而存在的，而是依赖于家庭和市民社会的充分发展，家庭和市民社会作为特殊领域是国家这一普遍领域存在的前提和条件。

(3) 指出市民社会为国家的产生奠定了“人为基础”。黑格尔完全根据“伦理”发展三段论来说明国家的产生与形成，国家是地上的神，伦理精神的最高形式，总之，一句话，它是无限的。马克思指出，国家的产生不是观念的自我规定，它也不是无限的精神，而是“有限”的。国家的有限性在于它不是与家庭和市民社会无涉的“彼岸之物”，而是在两者的基础上被建构起来的，家庭是“自然基础”，市民社会是“人为基础”。马克思说道：“政治国家没有家庭的自然基础和市民社会的人为基础就不可能存在。它们对国家来说是必要条件。”[②]

(4) 批判市民社会是观念产物的观点，指出了市民社会是国家形成与发展的动力。黑格尔主张，家庭和市民社会是由观念产生的，“把它们（家庭和市民社会——引者注）结合成国家的不是它们自己的生存过程，而是观念的生存过程，是观念使它们从它自身中分离出来。就是说，它们才是这种观念的有限性。”[③] 马克思认为，恰恰相反，不是从国家的观念中去理解

---

① 《马克思恩格斯全集》第3卷，人民出版社2002年版，第8页。

② 《马克思恩格斯全集》第3卷，人民出版社2002年版，第12页。

③ 《马克思恩格斯全集》第3卷，人民出版社2002年版，第11页。

家庭和市民社会的发展动力，而是从家庭和市民社会的现实发展过程中来理解国家的存在和发展，它们是国家形成与发展的动力。“家庭和市民社会使自身成为国家。它们是动力。”[①]

（5）批判黑格尔在市民社会与国家关系上的“主谓颠倒”，揭露其思辨唯心主义实质。黑格尔在“主谓颠倒”框架中来理解市民社会与国家的关系。本来意义的主体是家庭、市民社会，国家和政治制度是客体；但黑格尔把它们“头足倒置”了，国家理念变成独立的主体，而本来的主体即家庭和市民社会却成了国家理念的客观要素。马克思不仅揭示出黑格尔在市民社会与国家问题上的“头足倒置”，而且进一步追溯到其哲学根基——思辨唯心主义和泛逻辑神秘主义。因此，马克思指出黑格尔法哲学的核心是他的逻辑学。“整个法哲学只不过是逻辑学的补充。”[②] “真正注意的中心不是法哲学，而是逻辑学。”[③] 黑格尔逻辑学的错误就在于思维与存在、主词与宾词、主体与谓语之间的颠倒。“黑格尔在任何地方都把观念当作主体，而把本来意义上的现实的主体……变成了谓语。而发展却总是在谓语方面完成的。”[④] 马克思继承了费尔巴哈批判思辨哲学所采用的“颠倒方法”。思辨哲学歪曲了主词（人、存在）

---

① 《马克思恩格斯全集》第 3 卷，人民出版社 2002 年版，第 11 页。

② 《马克思恩格斯全集》第 3 卷，人民出版社 2002 年版，第 23 页。

③ 《马克思恩格斯全集》第 3 卷，人民出版社 2002 年版，第 22 页。

④ 《马克思恩格斯全集》第 3 卷，人民出版社 2002 年版，第 14 页。

与宾词（神、思维）的真正关系，把主词当成了宾词，而把宾词当作了主词；批判思辨哲学就表现为把它颠倒的东西再颠倒过来。可以看出，马克思站在哲学唯物主义立场上，揭露黑格尔逻辑学的唯心主义实质；思辨唯心主义和神秘主义是黑格尔法哲学的哲学根基。批判黑格尔的"国家决定市民社会"的观点就必须深入到黑格尔唯心主义世界观。只有站在唯物主义立场上才能正确地说明市民社会与国家的关系，才能得出正确的结论：市民社会决定国家。

马克思在《批判》中，不仅得出了"市民社会决定国家"的理论成果，而且在这一基本原则的指导下，从诸多方面拓展他的市民社会理论。有以下几个主题：

（1）从客观历史发展角度，研究现代世界中市民社会与国家的分离。黑格尔虽然深刻地把握到市民社会与国家的分离，但他的错误也是明显的。一是在唯心主义框架中理解两者的分离："黑格尔以市民社会和政治国家的分离（现代的状况）为前提，并把这种状况阐释为观念的必然环节、理性的绝对真理。"[①] 市民社会与国家的现代分离只是观念发展过程中的一个阶段，是一个必然环节。二是通过国家来解决市民社会与国家的分离："他（黑格尔——引者注）的愿望是市民生活和政治生活不分离。"[②] "黑格尔知道市民社会和政治国家的分离，但

① 《马克思恩格斯全集》第 3 卷，人民出版社 2002 年版，第 92 页。

② 《马克思恩格斯全集》第 3 卷，人民出版社 2002 年版，第 93 页。

他打算使国家的统一能表现在国家内部。”① 黑格尔试图借助于国家来消除市民社会与国家之间的分离，将两者统一于国家理念当中，实际上是一种虚假的统一，其实践政治意图是站在普鲁士王国专制立场上调和矛盾。与黑格尔唯心主义世界观和保守主义立场不同，马克思站在唯物主义立场上，从客观的历史发展角度出发来研究市民社会与国家的分离及其历史意义。马克思考察了前资本主义时期的社会特征。在这一历史发展阶段，政治权力影响渗透到社会生活的方方面面，使得政治国家与私人活动领域分界模糊，政治等级与市民等级合二为一，市民社会湮没于政治国家之中。比如，在中世纪，一切私人领域都具有政治性质，都是政治领域，反之，政治国家也有私人领域的性质。人民的生活和国家的生活是相同的。因此，“中世纪的精神可以表述如下：市民社会的等级和政治意义上的等级是同一的，因为市民社会就是政治社会，因为市民社会的有机原则就是国家的原则”②。市民社会与国家的分离是现代世界的产物。它有两方面的原因：一是商品经济的发展；二是政治革命的推动。商品经济是一种货币关系（而非政治关系），它所创造的资本主义私有制要求摆脱政治权力的干涉，成为独立的私人自治领域。政治革命是市民社会的革命，摧毁一切等级、行会和特权，特别是法国大革命完成了从政治等级到社会等级

① 《马克思恩格斯全集》第 3 卷，人民出版社 2002 年版，第 93 页。

② 《马克思恩格斯全集》第 3 卷，人民出版社 2002 年版，第 90 页。

的转变，完成了政治生活同市民生活分离的过程。

马克思对市民社会与国家的现代分离给予了很高的评价。市民社会与国家的分离具有重要的历史意义，这首先是它的政治意义，即建立了现代政治制度。马克思首先指出，政治制度本身只有在私人领域达到独立存在的地方才能发展。在商业和地产还不自由、还没有达到独立存在的地方，也就不会有政治制度。如前所述，在中世纪一切私人领域都具有政治性质，政治也是私人领域的特性。马克思说道："中世纪存在过农奴、封建庄园、手工业行会、学者协会等等；就是说，在中世纪，财产、商业、社会团体和人都是政治的；国家的物质内容是由国家的形式设定的。每个私人领域都具有政治性质，或者都是政治领域；换句话说，政治也就是私人领域的性质。"① 黑格尔特别指出，在亚洲的专制制度中，政治国家只是单个人一己之任意，政治国家同市民社会一样都是专制王权的奴隶。只有当市民社会从政治国家或专制权力的束缚中挣脱出来，获得独立存在的时候，现代政治制度才出现并发展起来。马克思从三个方面说明了市民社会与政治国家分离所产生的政治意义：第一，它使等级制转变为代表制。在市民社会失去政治性质而变成纯粹私人生活领域之后，国家事务也提升为普遍事务即人民的事务，而不再是少数人的特权，人民在政治上获得了平等的地位。代表

① 《马克思恩格斯全集》第3卷，人民出版社2002年版，第42页。

制只是在这一基础上形成和发展起来的，政治不再是特权群体的事务，而是全体人民的事务，公民在政治上是平等的，他们都享有参与政治共同体的权利。当然，在资产阶级国家中，人民并不是直接参与政治活动，而是通过选举自己的代表即议员间接参与政治活动的。对于等级制，代表制是政治制度发展的一个重大的进步。第二，它使权力的分立成为必要。在市民社会和政治国家相分离的情况下，产生了“市民社会”与“国家”之间的权力制衡。市民社会通过派出自己的代表参加政治活动，参与国家事务，表达自己的利益诉求和意愿，这主要是通过立法机关来完成的。所以，市民社会拥有一定的“立法权”来影响国家权力。而政治国家则要通过执行权的机关（包括行政机关和司法机关）来干预市民社会的事务。前者要通过立法机关实现自己特殊的私人利益，后者则要通过行政及司法机关维护普遍的共同的利益。可见，市民社会与国家的分离，导致的政治制度的变革就是，分权原则和权力制衡。这成为现代资产阶级政治价值观的核心理念，也在现代资本主义国家政治实践中得到了很好的设计。第三，它确立了人权和公民权的原则。在旧的市民社会之下，个人只是实现政治目的和社会目的的手段；在专制权力和封建主义社会下，个人只是君主的奴隶。而从专制国家中解放出来的现代市民社会是彻底实现了的个人主义原则，个人的生存是最终目的，活动、劳动、内容等等都不过是手段而已。国家不再是个人的前提和目的，恰恰相反，市民社会的成员，即独立的个人成为政治国家的基础、前提。国家从政治制度方面承认市民社会成员的这种基础地位，强调个人的独立性和自由平等权利，这就是人权和公民权。人权和公民权是政治国家在国家和法律层面上对市民社会成员的承认，是对他们的人身安全、自由、财产权、参与政治权利等确认与保障。尽管马克思认为，这样的人权和公民权还不是真正人的全部本质，人的解放还远远没有完成，但他同样给予人权和公民权以很高的评价。它使人们摆脱了旧市民社会即封建主义专制社会的束缚，在人的发展历史上具有重要的功绩。总之，现代政治制度包括了代议制或代表制，资产阶级的三权分立等民主制度，还包括了自由、民主、人权等政治价值理念的确立。市民社会与政治国家的分离，除了政治意义，还具有经济上的意义。它使经济活动、个体生活自由得到了充分发展。各利益主体摆脱政治因素，按照市场交换原则进行经济交往，经济活动和个体生活的自由度提高。这极大提高了人们参与经济的积极性，提升了经济活力，最大程度地解放和发展了生产力。马克思曾在《共产党宣言》中说过："资产阶级在它的不到一百年的阶级统治中所创造的生产力，比过去一切世代创造的全部生产力还要多，还要大。自然力的征服，机器的采用，化学在工业和农业中的应用，轮船的行驶，铁路的通行，电报的使用，整个整个大陆的开垦，河川的通航，仿佛用法术从地下呼唤出来的大量人口，——过去哪一个世纪料想到在社会劳动里蕴藏有这样的生产力呢?"①

(2) 通过研究长子继承制，揭示出私有财产（市民社会）对国家的决定性作用。长子继承权或继承制要求该等级成员不能像其他市民一样有权自己处理自己的全部财产，有权把财产一视同仁地在身后遗给自己的所有子女。他们负有政治使命，他们的财产"既不依赖于国家的财产，又和职业没有保障无关，和利润的追逐及财产的任何可变性无关，因为它的财产既不仰仗于行政权的恩宠，也不仰仗于群众的青睐"②。实际上，他们的财产成为不可转让的长子继承的世袭领地。黑格尔说道："长子继承制的根据是：国家不能光指望一定政治情绪的简单的可能性，而必须依靠某种必然的东西。当然，政治情绪是和财产无关的，但二者之间又有某种必然的联系，因为拥有独立财产的人不会受外界环境的限制，这样，他就能毫无阻碍地出来为国家做事。"③ 对于长子继承制，黑格尔的基本观点是这样的：独立的地产是维护国家稳定、安全的最重要的保障，因为只有拥有独立地产的人才不会受外部环境的干扰，从而毫无阻碍地为国家服务。长子继承制不仅是社会习俗，更是一种

① 《马克思恩格斯选集》第1卷，人民出版社1995年版，第277页。

② 黑格尔：《法哲学原理》，商务印书馆2009年版，第324页。

③ 黑格尔：《法哲学原理》，商务印书馆2009年版，第324—325页。

"政治要求"，政治地位和政治意义决定了长子继承制度，它体现了政治国家对私有财产的支配权。而马克思认为："黑格尔说什么长子继承权只是政治的要求，而且应当从它的政治地位和政治意义方面来理解，这种说法对他毫无帮助。"① 马克思指出，长子继承权决不是政治上的要求和自我规定，也不是国家普遍利益对继承权的制约；实际上，长子继承权是土地占用的结果，是私有财产的政治和法律表达。"长子继承权是完全的土地占用的结果，是已成化石的私有财产，是发展到最富有独立性和鲜明性的私有财产（无论什么样的）。"② 黑格尔其实颠倒了长子继承制度与国家的关系："黑格尔当作长子继承权的目的、规定性因素、始因来描述的东西，倒反而是长子继承权的成果、结果，是抽象的私有财产对政治国家的权力，而黑格尔却把长子继承权描写成政治国家对私有财产的权力。他倒因为果，倒果为因，把规定性因素变为被规定的因素，把被规定的因素变为规定性因素。"③ 马克思接着提出问题并回答之："但是，究竟什么是政治构成、政治目的的内容，什么是这一目的的目的呢？什么是这一目的的实体呢？就是长子继承权，是私有财产的最高级形式，是独立自主的私有财产。"④ 不是政

① 《马克思恩格斯全集》第 3 卷，人民出版社 2002 年版，第 123 页。

② 《马克思恩格斯全集》第 3 卷，人民出版社 2002 年版，第 124 页。

③ 《马克思恩格斯全集》第 3 卷，人民出版社 2002 年版，第 124 页。

④ 《马克思恩格斯全集》第 3 卷，人民出版社 2002 年版，第 124 页。

治目的去规定长子继承权，而是长子继承权就是政治国家的内容，是政治的目的，长子继承权作为独立自主的私有财产规定了国家的政治内容，这反映了私有财产对国家的支配权力。在马克思看来，在长子继承权中政治国家对私有财产行使的权力，只是使私有财产脱离家庭和社会，使它变成某种抽象的独立物。政治国家对私有财产的权力，不过是私有财产自身的权力。“政治国家对私有财产的权力究竟是什么呢？是私有财产本身的权力，是私有财产的已经得到实现的本质。”① 马克思这段话的意思无非是说，政治国家对私有财产的权力，只是将现实存在的并发生决定性影响的私有财产在国家和法律层面上加以承认和保护，政治国家虽然是私有财产的规定者，但其实是被私有财产所规定的，它体现的是私有财产的意志。

在马克思看来，私有财产不仅是国家制度的支柱，而且还是国家制度本身。马克思正确指出了私有财产（长子继承权）对政治国家的决定性作用的科学观点：“在以长子继承权作保证的国家制度中，私有财产是政治制度的保证。这在长子继承权中的表现是：特殊种类的私有财产是这种保证。长子继承权只是私有财产和政治国家之间的普遍关系的特殊存在。长子继承权是私有财产的政治意义，是就政治意义即普遍意义来讲的私有财产。这样一来，国家制度在这里就成了私有财产的国家

① 《马克思恩格斯全集》第3卷，人民出版社2002年版，第124页。

制度。"[①] 马克思根据"市民社会决定国家"的基本原则，充分意识到政治国家和国家制度的派生性。在分析长子继承制与国家制度关系问题上，马克思进一步洞察到私有财产的重要作用，它是政治国家和国家制度的决定因素，政治国家和国家制度是建立在私有财产基础上的，是服务于私有财产的利益要求的。可见，马克思从市民社会的分析中，进一步意识到市民社会的主要要素即私有财产，私有财产是市民社会的最为重要的构成要素。马克思从市民社会决定国家的观点中，进一步发展为私有财产决定国家和国家制度。

在对黑格尔的长子继承制的批判性分析中，马克思不仅意识到私有财产决定国家和政治制度的观点，而且也表达了批判私有财产或私有制的思想。黑格尔站在君主专制统治立场上，提倡并赞美长子继承制，认为它维护了国家利益，保证了普遍自由和伦理精神。长子继承制如黑格尔所言，首先是"给私人权利的自由带上的枷锁"，意思是说长子继承制对私人利益的过度扩张、泛滥，个人的任意、自由行为，个体的意志、欲望起着规范和限制的作用。马克思则认为，长子继承权是"摆脱了一切社会枷锁和伦理枷锁的私人权利的自由"。长子继承权意味着私有财产的"不可让渡"，但它并没有维护和促进普遍意志自由和公共伦理道德。相反，"私有财产的'不可让渡'

① 《马克思恩格斯全集》第3卷，人民出版社2002年版，第135页。

同时就是普遍意志自由和伦理的‘可以让渡’”①。私有财产不是代表着普遍利益和公共伦理，而是代表着私人利益，私人的自由、意志以及利己道德，并且它也规定着国家的性质和精神。马克思在《批判》许多地方表达了该思想。“私有财产，从而具有最抽象形式的私人任意，极端狭隘的、非伦理的、粗陋的意志，在这里表现为政治国家的最高命题。”②“无依赖性的私有财产即抽象的私有财产以及与之相适应的私人，是政治国家的最高构成。”③

3. 马克思主义的市民社会理论

（1）马克思的市民社会理论。市民社会理论是马克思主义的重要组成部分，马克思对市民社会的理论探索开始于《批判》。在《批判》、《论犹太人问题》以及《〈黑格尔法哲学批判〉导言》等著作中，马克思主要是在特殊性活动领域来使用“市民社会”的概念，并揭示、批判市民社会的利己性；在《1844年经济学哲学手稿》中，马克思在市民社会理论的研究过程中，逐步突出私有财产和异化劳动，开始过渡到政治经济学角度来研究市民社会的本质；在《德意志意识形态》中，马克思明确了“市民社会”概念，较为完整地阐

① 《马克思恩格斯全集》第3卷，人民出版社2002年版，第126页。

② 《马克思恩格斯全集》第3卷，人民出版社2002年版，第126页。

③ 《马克思恩格斯全集》第3卷，人民出版社2002年版，第129—130页。

述了市民社会理论。

首先，是广义的市民社会概念。马克思用“市民社会”概念来指称社会物质生活的全部内容：“市民社会包括各个人在生产力发展的一定阶段上的一切物质交往。它包括该阶段的整个商业生活和工业生活。”[①] 在《德意志意识形态》中，马克思明确地把市民社会理解为“交往形式”。“在过去一切历史阶段上受生产力制约同时又制约生产力的交往形式，就是市民社会。”[②] 市民社会是全部历史的真正发源地和舞台。同时，马克思将市民社会理论与唯物史观联系起来，或者说，在唯物史观的框架中具体理解市民社会含义：“这种历史观就在于：从直接生活的物质生产出发阐述现实的生产过程，把同这种生产方式相联系的、它所产生的交往形式即各个不同阶段上的市民社会理解为整个历史的基础，从市民社会作为国家的活动描述市民社会，同时从市民社会出发阐明意识的所有各种不同理论的产物和形式，如宗教、哲学、道德等等，而且追溯它们产生的过程。”[③] 马克思在《〈政治经济学批判〉序言》中也明确了“市民社会”的含义。“我的研究得出这样一个结果：法的关系正像国家的形式一样，既不能从它们本身来理解，也不能从所谓人类精神的一般发展来理解，相反，它们根源于物质的生活

① 《马克思恩格斯选集》第1卷，人民出版社1995年版，第130页。

② 《马克思恩格斯选集》第1卷，人民出版社1995年版，第87—88页。

③ 《马克思恩格斯选集》第1卷，人民出版社1995年版，第92页。

关系，这种物质的生活关系的总和，黑格尔按照18世纪的英国人和法国人的先例，概括为‘市民社会’，而对市民社会的解剖应该到政治经济学中去寻求。”[①] 马克思将“市民社会”规定为“物质生活关系的总和”。可以看出，广义的市民社会指各历史时期社会发展的经济制度和基础，即决定政治制度和意识形态的物质关系的总和。

其次，是狭义的市民社会概念。马克思在《德意志意识形态》中还指出：“‘市民社会’这一用语是在18世纪产生的，当时财产关系已经摆脱了古典古代的和中世纪的共同体（Gemeinwesen）。真正的市民社会只是随同资产阶级发展起来的。”[②] 马克思在这段话中指出了狭义的市民社会概念即所谓“真正的市民社会”，它指的是“资产阶级社会”。市民社会，按其狭义，指资产阶级社会的物质关系。马克思在《批判》、《论犹太人问题》、《〈黑格尔法哲学批判〉导言》和《1844年经济学哲学手稿》等著作中，主要是在“资产阶级是社会”层次上使用市民社会概念的。

（2）西方马克思主义市民社会理论。在马克思之后的时代，随着生产力的进一步发展，科学技术革命及其成果应用，现代西方社会的总体结构和社会基础发生了深刻变化，出现了一些新情况和新问题。以葛兰西、哈贝马斯等人为代表的西方

① 《马克思恩格斯选集》第2卷，人民出版社1995年版，第32页。

② 《马克思恩格斯选集》第1卷，人民出版社1995年版，第130页。

马克思主义者发展了马克思主义的市民社会理论。市民社会的含义在他们那里有了根本的改变，他们更多地是从文化、意识形态和公共领域等角度（非经济角度）来界定市民社会。

葛兰西解构了传统的“经济基础—上层建筑”的理论模式，把市民社会归结到上层建筑中，并与传统意义上的国家并列；也就是说，把市民社会从经济领域“移植”到上层建筑领域。葛兰西针对发达资本主义国家的政权结构，提出了“国家＝政治社会＋市民社会”的著名论断。上层建筑有两个方面：一是政治社会即国家、政府等政治活动领域；二是市民社会即文化和意识形态领域。市民社会既包括政党、工会、学校、教会等民间社会组织所代表的社会舆论领域，也包括报刊、杂志、学术团体、新闻媒介等代表的意识形态领域。葛兰西之所以从文化和意识形态角度来强化市民社会的存在，是因为他发现，发达资本主义国家不再依靠经济剥削、传统的国家暴力机器来实现对无产阶级和广大人民群众的统治，而是更多地通过文化和意识形态的灌输、渗透来统治和压迫无产阶级和广大人民群众的。因此，无产阶级单纯进行武装斗争是不够的，还必须进行文化和意识形态的斗争，夺取资产阶级在市民社会中的意识形态领导权，确保无产阶级在市民社会中的意识形态领导权。可见，洞察到代表市民社会利益的意识形态在维护当代资本主义统治中的特殊作用，是葛兰西坚持从文化角度研究市民社会并强调意识形态领导权的最为重要的时代因素。

哈贝马斯将“公共领域”和“生活世界”概念引入到市民社会的讨论中，对市民社会理论的当代发展作出了重要的贡献。哈贝马斯继承了黑格尔和马克思的观点，认为市民社会是随着市场经济的发展而形成的，是独立于政治国家的私人自主领域。哈贝马斯独特之处在于，他指出市民社会由两个不同的部分构成：一是以私人占有制和资本主义为基础的市场体系，包括劳动力市场、资本市场和商品市场及其控制机制；二是由个人组成的，独立于政治国家的社会文化体系，即“公共领域”，它包括教会、文化团体和学会，还包括了独立的传媒、运动和娱乐协会、辩论俱乐部、市民论坛和市民协会，此外还包括职业团体、政治党派、工会和其他组织等。哈贝马斯认为市民社会的第二个部分即公共领域构成了市民社会的主体。由此，哈贝马斯主要是在“公共领域”意义上研究市民社会的。在哈贝马斯看来，考察现代市民社会，本质上就是考察公共领域。首先，公共领域具有“公共性”，它与私人领域相区别，公共领域说到底是公共舆论领域，讨论的是关于集体和国家的普遍问题。其次，公共领域具有“独立性”，独立表达公众意见，与公共权力和国家权力相抗衡，至少是不受后者干预。再次，公共领域具有“开放性”，每个人都可以进入到公共领域，表达自己的意见、看法。此外，哈贝马斯还利用“生活世界”概念来说明公共领域和市民社会。哈贝马斯指出，在晚期资本主义，整个社会日益发展成为一个庞大的系统。它包括两大部分：一是以资本原则为导向的资本主义经济理性系统；二是以权力原则为导向的现代国家官僚系统。它们都按照工具理性原则发展，两者不断合并为一个工具理性系统，并将资本原则和权力原则渗透到整个社会之中，导致了生活世界的殖民化。而生活世界就是不同于经济系统和政治系统的公共领域即市民社会。我们可以看出，哈贝马斯放弃了传统“市场—国家”的两分法，而是在“市场—国家—社会”的三分法中理解市民社会(公共领域)。市民社会是既独立于经济系统，又独立于政治系统的“第三者”。

(二) 对黑格尔王权、行政权和立法权的批判

1. 对王权的批判

(1) 王权就是任意。作为一个总体，王权包括三个环节：国家制度和法律的普遍性、作为特殊对普遍的关系的协商、作为自我规定的最好决断环节。黑格尔认为，绝对自我规定的最后决断环节是最重要的，它是其他一切东西的归宿，也是其他一切东西的现实性的开端。王权在根本上被视为单一个体的意志。个人的意志就是王权。马克思说：“就‘最后决断’或‘绝对的自我规定’这一环节脱离了内容的‘普遍性’和协商的特殊性而言，它是现实的意志，即任意。”[①] 总而言之，任意

① 《马克思恩格斯全集》第3卷，人民出版社2002年版，第28页。

就是王权，王权就是任意。马克思对黑格尔“王权就是任意”观点的揭露与批判，大致有下面几个角度：

第一，王权集中于单一个体即君主。黑格尔说道：“主权最初只是这种思想性的普遍思想，它只是作为自我确信的主观性，作为意志所具有的一种抽象的、也就是没有根据的、能左右最后决断的自我规定而存在。这就是国家中的个人因素本身，而国家本身也只有通过这种个人因素才能成为一个单一的东西。可是主观性只有作为主体才真正存在，人格只是作为人才存在，而在已经发展到实在合理性这个阶段的国家制度中，概念的三个环节中的每一个都具有其自为地现实的独特的形式。因此，整体的这一绝对决定性的环节就不是一般的个体性，而是一个个人，即君主。”① 从这段话中，我们可以得知，黑格尔认为国家主权必然集中于单一个体才能现实地存在，主权的个体性因素就是君主。黑格尔把君主规定为人格化的主权，表达了“主权在君”的专制主义思想。“国家人格只有作为一个人，作为君主才是现实的。”②

马克思揭露出黑格尔硬把国家主权和普遍意志说成单一个体即君主意志。“主权在君”思想意味着君主是国家的人格，是人格化的主权，其他所有人都被排除在国家主权和国家意志之外，导致的结果是：“朕即国家”。黑格尔在坚持主权在君思

① 黑格尔：《法哲学原理》，商务印书馆2009年版，第296页。

② 黑格尔：《法哲学原理》，商务印书馆2009年版，第296页。

想的同时，还批评人民主权思想。他认为人民主权思想是混乱的、粗陋的。总之，主权在君的观点直接证明了王权就是任意的论断："君主是国家中个人意志的、无根据的自我规定的环节，是任意的环节。"[①]

第二，君主的产生是自然的，具有肉体偶然性。"君主作为这样一个从其他一切内容中抽象出来的个人，天生就注定是君主尊严的化身，而这个个人被注定为君主，是通过直接的自然的方式，是由于肉体的出生。"[②] 也就是说，君主之所以成为君主，具有代表国家的尊严，是个体通过直接的自然方式即自然的肉体出生来完成的。"君主的肉体决定了他的尊严。"[③]

马克思揭示了黑格尔的君主产生学说的荒谬性，"人一出生就注定成为君主，如同圣母马利亚的圣灵降孕一样，不可能成为超自然的真理"[④]。实际上，黑格尔并没有证明君主为什么由肉体出生决定，它只是类似于宗教说教的神秘主义的设定。马克思还批判了黑格尔的君主世袭制和继承制。黑格尔坚持王位世袭制反对君主选举制，认为"君主选举制倒不如说是各种制度中最坏的一种"[⑤]。马克思针锋相对地指出："主权不是世袭的，而是流动的，也就是说，王权是一种国家规定，这种规

---

① 《马克思恩格斯全集》第3卷，人民出版社2002年版，第34页。

② 黑格尔：《法哲学原理》，商务印书馆2009年版，第301页。

③ 《马克思恩格斯全集》第3卷，人民出版社2002年版，第44页。

④ 《马克思恩格斯全集》第3卷，人民出版社2002年版，第44页。

⑤ 黑格尔：《法哲学原理》，商务印书馆2009年版，第304页。

定是按其他环节的内在制度轮流指派给国家单个公民的。”①

概言之，自然出生决定了君主选择，因此，君主就是偶然性的，偶然性成了国家的现实的统一，国家的主权完全交付于偶然出生的君主手中。

第三，君主的最后决断即行为是任意的。君主的出生表现出自然的偶然性，君主的行为则表现出意志的偶然性。具体表现如下：首先，是赦免权。黑格尔认为，君主主权产生赦免罪犯的权力，因为只有这个主宰一切的权力才有权实现这种化有罪为无罪，并用既往不咎的办法消除犯罪的精神力量。马克思指出，赦免权就是恩赦权，它是颇具偶然因素的任意的最高表现，黑格尔却把这种任意视为君主的真正属性，甚至把“无根据决断”（任意）视为恩赦的起源。其次，是选用大臣权。选用大臣是由君主“不受限制的任意”决定的，因为他们直接和君主本人接触。之所以选择他们，是因为他们是君主的侍从。君主就是根据这种“非常抽象、非常糟糕的经验”来选拔行政人员的。再次，是不承担责任。如果君主违反了“国家制度整体”，违反了“法律”，他是不需要负责任的，“只有这些咨议机关及其成员才应该对此负责，而君主特有的尊严，即最后决断的主观性，则对政府的行动不负任何责任。”② 一个不负责任的行为必然是任意而为的。

---

① 《马克思恩格斯全集》第3卷，人民出版社2002年版，第48页。

② 黑格尔：《法哲学原理》，商务印书馆2009年版，第306页。

（2）马克思用“人民主权”论否定“君主主权”论。在《批判》中，一方面，马克思揭露并批判黑格尔“主权在君”或君主主权论思想；另一方面，他提出自己的思想主张，即“人民主权”论，用人民主权论来否定黑格尔的君主主权论。为了更好地理解马克思人民主权和民主制思想，我们首先简单回顾人民主权思想的历史演变。

人民主权或主权在民是指主权的起源、主体和归属都是人民；也就是说，主权来自人民、人民掌握主权、主权服务于人民。人民主权思想是近代资产阶级思想家提出的，它以自然法、契约论为基础，论证国家的一切权力属于人民，确立人民的自由意志在国家生活中的最高地位，借以否定君主主权论和封建专制主义制度。

资产阶级学者洛克第一次提出人民主权理论。洛克认为，人类在进入政治社会即国家之前存在一个比较完美的“自然状态”。这个自然状态不是霍布斯所说的一切人反对一切人的战争场所，而是一个“黄金时代”：人人受理性的自然法支配，人人拥有平等自由的自然权利。当然，自然状态也有缺陷：有时会产生敌对和毁灭性的战争状态。所以，需要确立法律、公正的裁判者和公共权力来解决这样的冲突，这就产生了组建国家的需要。人们通过社会契约组成国家，国家的权力不是来自于神灵，而是各个个人让渡的自然权利，每个人都失去了一部分自然自由（让渡与国家），但得到了社会保障和社会自由。

但人们始终拥有部分不可让渡和不可剥夺的自然权利；始终存在判断国家权力是否侵犯人们自然权利的最高法则的自然法；国家及其法律一旦违背自然法和社会契约论，人们有权摧毁国家的统治，采用的方式是强力对抗强力。洛克人民主权思想的主要观点是：①国家主权来自于人们的自然权利即人权的部分让与。国家的权力来源于人们自然权利的部分而非全面的让渡，人民主权是国家权力的来源。②人权高于主权。国家权力不得以任何借口侵犯人权，因为人民保留的自然权利是不可让渡和不可剥夺的，这是自然法所规定的。③主权有限。国家权力不得违背自然法和社会契约论，受到它们的严格限制。④权力制衡。洛克指出，国家有立法权、执行权和对外权，它们都是强力且有被滥用的可能，预防的方法是分权制衡，以暴制暴。

卢梭是法国启蒙运动的先驱，他系统地阐述了人民主权思想，是人民主权理论的集大成者。卢梭也是自然权利论者，他认为，人类社会存在一个自然状态，在这一阶段，人人享有天然自由和平等即“人是生而自由平等的”。随着私有制的出现和发展，人类由自然状态进入到“文明状态”：不平等加剧，道德堕落，自由丧失。为了重获自由、平等，卢梭主张人们自由地缔造社会契约，并根据契约的规定决定国家的最高主权。卢梭的人民主权论建立在他的“公意”思想上。“公意”指全体人民以共同利益为基础的共同意志。人民主权国家的活动要受“公意”的指导和约束。主权实际上是“公意”的运用。卢梭的人民主权思想主要有六个要点：①主权来自于人权的全部让与。与洛克的部分让与不同，卢梭指出，国家主权来自于人民权利的全部让渡，人民通过社会契约全部转让自己的人权，不再保留任何权利。②主权高于人权。人民在国家中的任何权利来自主权，从属于主权，除此之外，人民就不再有权利。③主权是不可转让的。人民没有任何理由转让主权。④主权不可分割。如上所说，主权是公意的运用，公意是人民共同体的意志。正是作为人民的共同意志，公意是不可分割的，这决定了主权也是不可分割的。卢梭特别强调国家与政府的区别。国家是公意的体现，是主权者，而政府不过是执行公意的机关，是国家的派生物。政府的全部职责是执行法律保障社会自由，政府在任何情况下都不能分割主权，更不能代替主权者。卢梭也反对三权分立的思想，认为立法权不能从人民手中分割出来交给任何机构或任何人。⑤主权不可代表。人民的意志是不可代表的，所以主权也是不可代表的。行政权力的执行者即官员不是人民的代表，只是人民的公仆和办事员，人民有委任和罢免他们的权力。⑥主权是绝对无限的。霍布斯坚持“君主绝对主权”，认为君主可以任意处置人民的财产和权利；洛克主张相对的人民主权；卢梭则主张人民绝对主权，主权是绝对的、不受任何限制的，即使是它的社会契约本身。主权的一切行为都是为了人民，人民至上。

资产阶级的人民主权思想是马克思思考、研究政治制度和国家的重要思想资源，特别是卢梭的人民主权论直接成为《批判》的理论参照系。马克思对黑格尔君主主权论的批判，对人民主权论和民主制的阐述，可以从诸多角度加以分析：①人民主权与君主主权是两个完全对立的主权概念。黑格尔指出君主主权是人民主权的体现，马克思指出这是根本不可能的："如果主权存在于君主身上，那么谈论同它相对立的存在于人民身上的主权就愚蠢了，因为主权这个概念本身不可能有双重的存在，更不可能有对立的存在。"[①] 也就是说，不是君主的主权，就是人民的主权，两者是完全对立的，君主主权怎么可能是人民主权的体现呢？君主主权和人民主权不是存在于两个方面的同一个主权，人们只能在对立的两者中择其一。并且，马克思指出，二者有一个是不真实的，那就是君主主权，因为它是以上帝为主宰的，而不是人为主宰的。马克思进一步指出了，君主制不是民主制的真理，民主制才是君主制的真理。君主制本身是不彻底的或未实现的民主制；君主环节却不是民主制的环节，更不是其不彻底性的表现。君主制只能是"坏的种"。"民主制是国家制度的类。君主制则只是国家制度的种，并且是坏的种。民主制是内容和形式，君主制似乎只是形式，然而它伪造内容。"[②] ②主权与国家制度的关系。君主制是君主主权的国

① 《马克思恩格斯全集》第 3 卷，人民出版社 2002 年版，第 38 页。

② 《马克思恩格斯全集》第 3 卷，人民出版社 2002 年版，第 39 页。

家制度，民主制是人民主权的国家制度。君主主权与人民主权的对立关系，在国家制度层面上反映为君主制与民主制之间的对峙。③民主制是人民的自由产物。黑格尔从国家出发，把人变成主体化国家。马克思继承了费尔巴哈人本主义思想，把国家和国家制度理解为人民现实活动的产物，它们不过是人的社会特质的存在方式和活动方式。在民主制中，这一点更为明显："国家制度不仅自在地，不仅就其本质来说，而且就其存在、就其现实性来说，也在不断地被引回到自己的现实的基础、现实的人、现实的人民，并被设定为人民自己的作品。"[①]马克思把费尔巴哈的宗教批判方法运用到民主制的说明中，正如不是宗教创造了人而是人创造了宗教一样，不是国家制度创造了人民，而是人民创造了国家制度。在民主制中，国家制度是人民自由活动的作品，它本身就表现为人民的自我规定。国家法律是人的存在形式，不是人为法律而存在，而是法律为人而存在。④只有"真正的民主制"才能维护人民利益和实现人的普遍本质。黑格尔所构想的君主制根本无法消除市民社会与国家之间的分离，无法实现特殊利益与普遍利益的统一。"只有民主制才是普遍和特殊的真正统一。"[②] 君主制国家实现对人民的专制统治，根本不可能为实现人的普遍本质提供条件，只有民主制才将人民提升为国家制度原则，国家制度、

① 《马克思恩格斯全集》第 3 卷，人民出版社 2002 年版，第 39—40 页。

② 《马克思恩格斯全集》第 3 卷，人民出版社 2002 年版，第 40 页。

法律以及国家本身都成为人民的自我规定，是人的普遍本质的真正实现。此外，只有“真正的民主制”才能消除现代人的二重性存在。“真正民主制”能够消除政治国家与市民社会、政治领域与社会领域、国家公民和作为市民社会成员的市民的分离。

2. 对行政权和官僚政治的批判

马克思在《批判》中论述并揭露了黑格尔在行政权和官僚政治等方面的错误，阐述了自己的官僚政治批判思想。

（1）行政权和官僚政治的定义。黑格尔指出，行政权首先，是执行和实践国王的决定，即贯彻和维护已经决定了的东西，如现行法律、制度和公益设施。其次，它的目的是使特殊从属于普遍事务，维护普遍利益。再次，它包括了审判权和警察权。而官僚政治（官僚机构）就是行政权实施的行政机关，“行政权无非是被他（黑格尔——引者注）作为官僚政治来阐明的行政机关”[①]。在黑格尔那里，管理机构指一个更高的社会公仆机构，这些公仆从中产阶级竞争中吸收出来，他们的任务是协调普遍利益，保卫国家团结。

（2）官僚政治存在的前提和基础。官僚机构存在的前提是市民社会通过“同业公会”实行的“自治”。官僚政治或官僚机构是同业公会进一步发展的结果，同业公会是官僚机构的原

① 《马克思恩格斯全集》第3卷，人民出版社2002年版，第57页。

初形态，或是说，是官僚机构在市民社会中的实现。正是在这个意义上，马克思称官僚机构是国家的同业公会，同业公会构成市民社会的官僚机构。此外，同业公会提供了官僚机构存在的物质前提。为了防止发生伤害彼此利益的冲突，或者为了在相互冲突中获得自己利益最大化，单个同业公会需要名义上代表普遍利益的官僚机构的存在，调和各同业公会或各行业利益中的那些不一致的目标与需求，使之变得和谐一致，至少保持一种相对的和平状态。当然，它们更多地是希望官僚机构能保护自身利益而反对其他同业公会的利益。“于是，官僚政治这种完备的同业公会就胜于同业公会这种不完备的官僚政治。官僚政治把同业公会贬低为假象，或者力图把它贬低为假象；但是，它又希望这种假象存在并希望这种假象相信自己的存在。同业公会是市民社会企图成为国家的尝试，而官僚政治则是那种确实使自己变成市民社会的国家。”①

官僚政治的基础是国家与市民社会、普遍利益与特殊利益之间的分离。由于市民社会是一切人反对一切人的特殊领域，所以，才需要一个国家代理机构来维护市民社会的全体利益，协调它们的利益冲突，并使它们的利益服从于国家的普遍利益。马克思说道，黑格尔是以国家与市民社会、普遍利益与特殊利益分离为出发点的，而官僚政治实际上就是以这种分离为基础的。

---

① 《马克思恩格斯全集》第3卷，人民出版社2002年版，第59页。

(3) 官僚政治的本质特征。黑格尔认为官僚机构具有真正的客观性，代表着真正的普遍利益，能够实现市民社会与国家的统一。马克思指出，黑格尔完全没有阐明官僚政治的内容，只是给官僚政治的“形式”的组织做了某些一般的规定。马克思通过对黑格尔官僚政治思想的批判性分析，从“本质”上揭露出官僚政治的实质：“国家形式主义”，并且指出了它具有形式主义、等级制、神秘主义等特征。对官僚政治的本质特征的把握，具体可以从两个方面入手：

第一，从内容上看，官僚政治是“粗陋的唯物论”，代表特殊利益。官僚机构在形式上维护着国家的普遍利益，而其实质是官僚机构形成了自身的特殊利益，他们在国家中是一种特殊的闭关自守的、封闭的利益集团，是国家中的“同业公会”。官僚机构精神只是“形式的国家精神”，它真正的精神是市民社会的同业公会精神，是物质利益精神。官僚机构把自身利益和存在当作国家的最终目的，“国家的目的变成行政办事机构的目的，或者行政办事机构的目的变成国家的目的”①，在这庞大的机构中，根本不可能以国家普遍利益为目标，更谈不上实现普遍利益了。“官僚政治是一个谁也跳不出的圈子。它的等级制是知识的等级制。上层指望下层了解详情细节，下层则指望上层了解普遍的东西。结果彼此都失算。”②

① 《马克思恩格斯全集》第3卷，人民出版社2002年版，第60页。

② 《马克思恩格斯全集》第3卷，人民出版社2002年版，第60页。

就单个官僚即行政人员而言，物质生活是他们的现实生活，追求个人目的是他们的主要需求。国家目的没有成为每个官僚的行政活动的“绝对命令”，国家的目的并没有真正得到执行；国家的目的变成了个人的目的，变成了个人升官发财、飞黄腾达的手段。国家目的已被私人化，官僚政治已被物质化。等级制下的个人不以国家整体利益为工作指南，而是追求个人升迁；国家不以客观理性和公共道德为精神，已蜕化为物质和权力欲望。总而言之，“粗陋唯物论”主宰了官僚政治，掏空了它的普遍性和公共性，它的实质是利益的特殊化。

第二，从形式上看，官僚政治是“粗陋的唯灵论”，具有神秘主义特征。从前面的论述，我们可以得知，官僚政治代表特殊利益。但是，官僚政治为了自己的存在合法性，为了维护自己的权威，需要通过多种方式虚构自己的普遍性和公共性，把自己说成是普遍利益和客观理性的代表。“如果官僚政治一方面是这种粗陋的唯物主义，那么它另一方面也表明了它那粗陋的唯灵论就在于它想创造一切，就是说，它把意志推崇为始因。”[①] 可见，官僚机构通过意志万能的唯心论来粉饰自己，通过唯心论或唯灵论来言说自己的普遍性。“官僚政治同实在的国家并列的虚构的国家，它是国家的唯灵论。”[②] “官僚政治掌

---

① 《马克思恩格斯全集》第3卷，人民出版社2002年版，第61页。

② 《马克思恩格斯全集》第3卷，人民出版社2002年版，第60页。

握了国家，掌握了社会的唯灵论本质：这是它的私有财产。"[1]官僚政治通过两种方式来维护它的神秘性：一是等级制；二是封闭系统。"官僚政治的普遍精神是秘密，是奥秘；保守这种秘密在官僚政治内部靠等级制，对于外界则靠它那种封闭的同业公会性质。因此，公开的国家精神及国家信念，对官僚政治来说就等于泄露它的奥秘。"[2]

总之，官僚政治站在唯心主义立场上，通过意识形态方式来编织自己的普遍性外衣，并通过各种方式来掩盖它的秘密。

（4）官僚行政人员的选拔。官僚或行政人员指"政府的全权代表"、"有执行权的国家官员"，他们是从市民社会同业公会和自治团体中选拔出来的，是真正的"国家代表"，他们协调市民社会与国家的同一。黑格尔指出行政人员的选拔即实现市民社会与国家同一的途径有两个：其一是"混合选拔"。行政职位的分配采取有关人员的通常选举与最高当局的批准、任命相混合。选举是取得同业公会、自治团体的信赖，表达了市民社会的特殊利益诉求；任命是体现国家意志，将国家的最高利益统一起来。这种混合方式可以将市民社会与国家统一起来。而在马克思看来，这种同一是十分表面的，隐藏在其后的是深刻的对立关系。同业公会的私有财产和特殊利益在本质上是反对国家的，通过这种选拔最多只是暂时的妥协、调和。行

① 《马克思恩格斯全集》第 3 卷，人民出版社 2002 年版，第 60 页。

② 《马克思恩格斯全集》第 3 卷，人民出版社 2002 年版，第 60 页。

政人员和官僚机构根本无法将市民社会和国家真正地融为一体。其二是每个市民都有可能成为国家官员，献身于“普遍等级”。黑格尔认为，国家官员是代表全社会利益的普遍等级，每个公民只要具备国家官员所需的职位知识和才能，就可以成为普遍等级中的一员，从而有力地将市民社会利益与国家利益统一起来。马克思不以为然，国家官员是虚假的普遍等级、空幻的普遍等级，仍然是个特殊等级。每个市民都有可能献身于国家官员这一等级，不过是说明了一部分人通过某种方式（教育、考试）可以转到另一个阶级中，获得该阶级的权力和特权。马克思说道：“在真正的国家中，问题不在于每个市民是否有献身于作为特殊等级的普遍等级的可能性，而在于这一等级是否有能力成为真正普遍的等级，即成为一切市民的等级。”[①] 市民社会与国家的同一，不在于个人具有成为国家官员的可能性，而在于国家官员作为一个等级，是否具有成为普遍等级的可能性。顺便说一句，马克思在这里，虽然没有提出“无产阶级”概念，但表达了相接近的意思：真正的普遍等级应成为一切市民的等级。真正的普遍等级不是官僚阶级，而是无产阶级。

黑格尔还指出了选拔的两种方式：考试和君主决定。考试反映了个人同官职的客观联系，也就是说，个人必须证明自己有管理行政事务的知识和才能。马克思指出，考试无非是从法

---

① 《马克思恩格斯全集》第3卷，人民出版社2002年版，第65页。

律上确认官僚知识是一种特权。每个人都有可能通过官僚知识而获得进入官僚等级的准入证。除了考试这一客观因素，还有一个主观因素即君主的决断。君主的任务：从众多具有官僚知识的人才中选拔出官员，担任相应官职，让他们全权管理公共事务。马克思认为，君主是偶然性的、主观因素的代表，他的恩赐成为官员选拔的最后决断。

（5）官僚机构的监督。黑格尔也意识到行政机关及其官员滥用权力现象的存在。黑格尔指出，监督官僚机构，防止官僚滥用权力的方法主要有两个：一是官僚机构自身的“等级制”；二是同业公会的自下而上的监督。等级制监督实际上就是上级管理机关对下级组织的权力制约。马克思指出，这实际上根本无法防止权力滥用。官员只有违反等级制或犯了等级制认为不必要犯的罪行时，才受到等级制的惩罚。但是，如果等级制本身就是滥用权力的根源，或者说，某个官员犯了罪行是由等级制本身造成的话，那么，等级制根本不会惩罚官员，相反它对该官员百般庇护。此外，黑格尔还寄希望于官员的“直接的道德和理智的教育”来实现监督。事实上，官僚机构内部的“知识”和实际工作的机械性在抵消影响他的“道德和理智的教育”。

（6）铲除官僚政治。马克思对官僚政治持彻底否定和批判的态度，主张铲除官僚制度。从马克思后来思想发展来看，铲除官僚政治主要是消灭私有制。消除官僚对管理知识的独占、实现真正的普选制和人民当家作主的管理委员会等措施。概言之，消灭私有制，消除国家机关的剥削阶级性质，实现无产阶级专政是摒除官僚政治的最根本措施。具体到《批判》而言，铲除官僚政治就是要有一个代表所有阶级利益的普遍阶级，它是普遍利益的真正代表者，而不是虚幻的代表者。官僚机构只是普遍利益的虚幻体现，只有国家在现实层面上真正代表全体人民的利益，官僚政治才会真正被根除。“铲除官僚政治，只有普遍利益在实际上而不是像在黑格尔那里仅仅在思想上、在抽象中成为特殊利益，才有可能；而这又只有特殊利益在实际上成为普遍利益时才有可能。”①

官僚政治或官僚制批判思想是马克思主义国家学说的重要组成部分，它散见于马克思不同时期的诸多著作中，比如《批判》、《路易·波拿巴的雾月十八日》和《法兰西内战》。下面，我们在综合分析马克思不同著作的基础上，总结出马克思官僚政治批判思想的主要内容。

第一，官僚政治存在的社会条件。

首先，官僚机构与国家机器一样都起源于社会分工的发展。在国家出现以前的氏族社会中，没有专门从事管理的等级，一切问题都由个体解决，大部分问题可根据习俗解决。随着个人活动的扩大，个体之间的冲突越来越多，这就需要一种力量来解决争端，维护社会公共利益，这就形成了公共权力萌

① 《马克思恩格斯全集》第3卷，人民出版社2002年版，第61页。

芽的土壤。随着新生产工具的出现，社会分工与交换的发展，私有制产生了，随之产生了奴隶与奴隶主、穷人与富人的差别。原始的民主制内部发生根本的变化，原初维护公共利益的公共权力服务职位转变为全社会的管理与统治的职位，并且多由经济上占主导地位的人担当。由此，专门从事公共事务管理和社会统治的机构就出现了，这些机构的出现促进了国家的形成。随着国家范围扩大，国家经济与政治职能增加，出现了国家职能的分化，需要有专业的人并且是固定地掌管某一方面的统治和管理职能，这时官僚机构就应运而生了。

其次，官僚机构和国家一样都是私有制发展和阶级斗争的历史产物。马克思从物质生产方式和所有制出发来理解国家的起源，认为国家是私有制发展到一定阶段的产物。作为国家的重要组成部分，官僚机构的存在基础也是私有制。和国家一样，官僚机构也是阶级斗争的产物。作为国家机器，官僚机构的建立是以统治阶级战胜被统治阶级的阶级斗争为前提的；统治阶级为了维护本身的阶级利益，需要一个名义上的普遍机构来执行，从而更好地维护统治秩序。

第二，官僚政治的职能。马克思指出，官僚政治或官僚机构承担着两种职能：阶级统治职能和社会管理职能。前者是压迫大众、维护统治阶级利益的根本功能，后者是由社会分工而产生的必要的社会管理功能。马克思对官僚机构的社会管理功能关注并不多，他更为关注地是官僚机构服从于阶级统治需要的职能，这也是官僚机构最为重要的功能和任务。马克思研究的重点是资产阶级官僚机构的统治职能。在资本主义制度形成的过程中，资产阶级通过官僚机构消除了封建割据局面，促进了统一的国内市场的形成，为资本主义经济发展开辟了道路。在资本主义完全战胜封建主义、资产阶级政治制度和国家政权牢牢确立之后，官僚机构的"工作重心"就转变为镇压无产阶级，成为压迫、剥削无产阶级和人民群众的暴力工具，变成阶级专制的机器。马克思对官僚机构的阶级统治职能持彻底否定态度，认为消除官僚机构，就是取消其阶级统治职能，只保留其必要的社会管理职能。

第三，摒除官僚政治的具体措施。如前所述，在马克思看来，摒除官僚制度的最根本的措施是：消灭私有制，建立全社会公有所有制；夺取资产阶级政权，建立无产阶级政权，消除国家政权的压迫和剥削本质。马克思在《法兰西内战》中具体论述了摒除官僚政治的措施，并赞誉了超越官僚制度的理想模式——巴黎公社。马克思说道，通过消灭剥削阶级赖以存在的私有制，巴黎公社铲除了阶级和阶级统治赖以存在的经济基础；公社改变了政权的性质，实现了由奴役人民的工具到为人民服务的公仆的转变。

无产阶级专政改变了国家剥削阶级的行政，为消除官僚政治奠定了根本的政治制度，但国家在无产阶级专政阶段还不会"消亡"，国家的存在也隐藏着滋生官僚政治和官员腐败的风险，国家机构也会在社会管理过程中形成滋生的特殊利益。所以，在无产阶级专政的国家中，不仅需要时刻警惕官僚化的滋生、蔓延，而且更需要积极主动地采取多种措施防止国家政权蜕变为官僚机构。结合巴黎公社的经验，马克思提出了摒除官僚政治和官僚机构的基本原则和具体措施。

其一，自治原则。公社甚至将成为最小村落的政治形式；旧的集权政府也得让位给生产者的自治政府。总之，从旧的国家中夺过来旧国家政权所掌握的国家机器，掌握在人民手中，实现社会自治。其二，普选原则。公职人员均由普选产生，并且随时可以撤换不称职的公职人员。人人都具有平等选举权和被选举权。公职人员必须对选民负责，民众对他们进行自下而上的监督。其三，议行合一。公社不是议会式机构，而是一个“实干机构”，既是行政机关又是立法机关。在马克思看来，资产阶级议会只是行政权用来骗人的附属物。其四，同薪不同工原则。公职人员只是劳动分工不同，而没有高低等级差别，也没有工资差别。公社对所有公职人员，不论职位高低，都是付给农民工人一样的工资。

当然，巴黎公社的很多经验和具体措施是有历史局限性的，我们应用辩证的、发展的眼光看待之。

马克思的官僚政治或官僚制批判思想给后来思想家很大影响，但也有不少思想家提出了批评意见，其中最著名的就是德国社会学家马克斯·韦伯。接下来，我们简单介绍两个“马克斯”在官僚制问题上的异同，以及韦伯的批评意见，从而使我们以一种比较的、开放的眼光看待马克思的官僚制批判思想。

韦伯与马克思在官僚制问题上主要有下面几个方面的不同：①对官僚制的本质认识不同。马克思主要从经济角度看待官僚制，它是维护统治阶级的经济利益和政治特权的工具。韦伯主要从技术和工具理性出发，把官僚制看作是国家行政管理的庞大理性系统。②对行政管理的重视程度不同。马克思重视的是官僚制的统治功能，把行政管理理解为社会化调节的一个手段而已，并且是统治功能的附属品。韦伯坚持官僚制的基本功能是行政管理功能。③官僚的划分标准。马克思通过经济和政治地位进行阶级划分，现代官僚是资产阶级统治阶级或代理人。韦伯通过专业知识和专业资格而进行身份、阶层的划分，现代官僚是知识管理或专家阶层。④官僚制形成机制。马克思指出，现代官僚制的出现根源于资本主义的生产方式。韦伯认为国家官僚独立于经济领域的理性化，事实上，国家官僚制度早于资本主义经济秩序的出现。⑤官僚化范围。马克思主要在国家和政治领域范围内谈及官僚化趋势，将之视为阶级斗争激烈化的政治反响。韦伯审视出官僚化趋势延展到社会的所有领域，指出我们的社会就是一个庞大的官僚系统。⑥官僚制的权力性质判定。马克思将之视为经济、资本统治，是一种社会权力。韦伯将之视为技术理性统治，是一种技术权力。

韦伯对马克思官僚制思想的根本批评在于：社会主义不能

消除官僚制统治。马克思认为，现代官僚制是受资本主义经济和政治制约的，其本身不具有独立性，它会随着资本主义社会的消亡而自行消亡。马克思的设想是，未来社会主义将以“自我管理制度”取代现代官僚制和官僚统治；自我管理制度将支配、领导的功能降低到纯粹是技术上必要的程度，而剔除官僚制压迫和统治的内涵。韦伯指出，马克思所设想的社会主义根本无法消除官僚制统治，社会主义同资本主义一样也存在官僚制统治，也存在官僚人员的腐败等问题。韦伯的一个基本依据就是随着社会分工、管理专门化，不管是资本主义社会，还是社会主义社会都需要依靠专业知识进行行政管理，都需要一个独立的、专门的官僚阶层进行管理，他们形成一个庞大的官僚理性系统。这个系统会导致人的自由的丧失，也会导致知识阶层和专家阶层的腐败。

3. 对立法权的批判

（1）揭露黑格尔的立法权与国家制度的“二律背反”。对于立法权与国家制度的关系，历来有两种观点：一是立法权高于国家制度。立法权是组织普遍东西的权力，是规定国家制度的权力。立法权应该存在于或已经存在于国家制度之前或之外。二是立法权从属于国家制度。国家制度是以国家自身理念为目的和原则的，只要它依据自身概念本性规定自己的活动，它就是合乎理性的，所以国家制度不以他者为原则，不受他者规定的权力而活动。相反，立法权是以国家制度为前提的，它是按照国家制度确立起来的权力，国家制度通过各种法律来规定立法权的方向和边界。“立法权只有在国家制度的范围内才是立法权，如果国家制度在立法权之外，那么，它就处于法律之外了。”① 显然，一般看来，立法权与国家制度之间关系是矛盾的、“二律背反”的。黑格尔如何解决立法权与国家制度的“二律背反”呢？他的想法集中体现在下面这段话中：“立法权所涉及的是法律本身（因为法律需要进一步规定），以及那些按其内容来说完全具有普遍性的国内事务。立法权本身是国家制度的一部分，国家制度是立法权的前提，因此，它本身不由立法权直接规定的，但是它通过法律的不断完善、通过普遍行政事务所固有的前进运动的性质，得到进一步的发展。”② 黑格尔这段话有两层含义：第一，国家是理念的自我运动，理念的实现就是国家制度，有了国家制度才有立法权。所以国家制度是先于或外在于立法权的，它本身不由立法权规定，相反，它是立法权的前提。第二，国家制度不是凝固的，而是不断发展的，通过立法权、法律以及行政事务等手段可以逐步完善和发展国家制度。总而言之，黑格尔的立场是：“国家制度直接处于立法权的范围之外，但是立法权却间接改变国家制度。”③

---

① 《马克思恩格斯全集》第3卷，人民出版社2002年版，第70页。

② 黑格尔：《法哲学原理》，商务印书馆2009年版，第315页。

③ 《马克思恩格斯全集》第3卷，人民出版社2002年版，第70页。

马克思指出，黑格尔并没有解决这一矛盾，而是把它变成另一个“二律背反”：“把立法权的作用即它的按照国家制度确定的作用置于同它的按照国家制度确定的使命相矛盾的境地。”① 黑格尔的错误不仅在于没能解决立法权与国家制度之间的矛盾，更为重要的是：他站在为普鲁士专制主义辩护立场上，主张立法权从属于国家制度的观点。实际上，在黑格尔看来，立法权只是王权的附庸，他害怕人民通过立法权来制约王权，甚至是改变国家制度，他只是赋予立法权“完善”既定国家制度的权力，根本上是不可能改变国家制度性质的，也就是普鲁士的君主制国家的性质。可以看出，黑格尔骨子里是君主制的辩护士，认为国家制度本身不应属于立法权的范围，国家制度先于或高于立法权。马克思认为，能否解决立法权与国家制度之间的矛盾关系，就在于：是否使人民提升为政治国家（国家制度和法律）的原则。马克思指出，人民是立法主体，也是国家制度的根本原则。一方面，人民是立法主体，人民有权根据自己的意志制定国家制度。“人民是否有权为自己制定新的国家制度？对这个问题的回答应该是绝对肯定的，因为国家制度一旦不再是人民意志的现实表现，它就变成了事实上的幻想。”② 立法权代表人民意志，国家应在人民意志的指导下建立自己的国家制度，建立符合人民利益的新的政治制度。另一

① 《马克思恩格斯全集》第 3 卷，人民出版社 2002 年版，第 71 页。

② 《马克思恩格斯全集》第 3 卷，人民出版社 2002 年版，第 73 页。

方面，国家制度也处在不断变化发展中。人民立法权决定了国家制度，但国家制度又是不断变化发展的，不论它如何变化发展，只要它顺从人民意志，符合人民利益，就是合理的。国家制度一旦不合理，人民就有权立足于自身意志、现实利益及时调整或改变国家制度。

总之，在马克思看来，立法权是人民意志自由的最高表达方式，人民有权制定国家制度，且能根据时代发展和自身意志需求随时改变国家制度。

（2）阐述立法主体和立法方式等方面的观点。黑格尔认为，立法主体有三个，即立法权的“三个环节”：第一个环节是“作为最高决断环节的君主”，君主是最高意义上的立法主体，因为他有最后、最高的决定权；第二个环节是“作为咨议环节”的行政主体。他们是执行君主意志的官僚。第三个环节是“等级要素”即市民社会成员。等级要素是市民社会向国家派出的代表团。黑格尔指出，君主和官僚是立法主体的根本环节，而等级要素只是“形式上”的立法主体，他们在立法活动中难以有所作为。马克思说道，等级要素在黑格尔那里仅仅是一种形式而已，等级要素作为立法主体，只是一种“奢侈品”，“只是为了迎合逻辑”①。黑格尔之所以认为，等级要素不能成为真正的立法主体，就在于他们是私人等级，他们是由单一性、私人观点和特殊利益产生的，所以私人等级本质上是利用

---

① 《马克思恩格斯全集》第3卷，人民出版社2002年版，第81页。

自己的活动，为获得自己的私人利益而牺牲普遍利益；他们只关注自己的“私人事务”，而不关注“普遍事务”。所谓普遍事务就是供职于政府的行政人员所从事的活动，他们站在国家立场上，献身于普遍利益和国家精神。立法是要解决国家的普遍事务，所以立法主体只能是站在国家立场上，从事普遍事务的君主和官僚，这样就把等级要素即私人等级排除在立法主体之外。

马克思批判黑格尔的狭隘的立法主体的观点，首先不同意将等级要素排除在立法主体之外。黑格尔所谓的普遍事务不过是一种虚假的形式，是君主的私人事务，现实的普遍事务应当是市民社会各等级的共同事务。等级要素即市民社会成员有权表达自己的利益和自由意志，参与国家事务，成为立法主体的重要环节。等级要素参与立法活动，表达了一定的人民意志，代表了一部分人民，或者说，表达了人民的部分意志和利益诉求。普遍事务应是绝大多数人的事务或全体社会成员的事情，人民是社会成员的大多数，所以，普遍事务本质上就是人民事务，人民有权参与立法活动、参加国家事务，立法主体自然应该是人民。所以，在立法主体问题上，马克思不仅批判黑格尔将等级要素排除在立法主体之外，而且也不赞成将立法主体局限于等级要素上；而是认为，人民是立法的真正主体，人民事务是真正的普遍事务。

在立法方式上，马克思主张由代议制逐步过渡到普遍参与制。黑格尔实际上主张的是等级制的立法方式，私人等级采用的是“议员参与”的立法方式。马克思提倡的是“全体人员都单个地”直接参与，强调扩大选举并尽可能普及选举、扩大并尽可能普及选举权和被选举权，形成普遍参与立法的方式。黑格尔反对“全体人员都单个地”直接参与方式，认为这种看法死抱住每个人都是国家成员的这种“抽象规定”。马克思对此给出了反击。国家的普遍事务就是人民自己的事务。人民作为国家的主体，有权利也应当参与讨论、决定国家事务；全体人员有权利也应当参与立法，行使立法权。马克思实际确立了普遍参与立法的价值理念。当然，普遍参与制是一种理想的政治价值目标，受文化、经济以及人们意识水平等方面的影响，在一定社会历史发展阶段上，许多国家采用的是代议制，这具有相对的、历史的合理性。但真正代表人民利益的国家应当积极采取措施从主客观方面创造条件，推进代议制向普遍参与制的转化。

（3）私有财产决定国家制度和法。马克思在《批判》手稿后半部分论述到长子继承制和私有财产。在“市民社会决定国家”的理论框架下，马克思进一步拓展并丰富它的内涵：揭示出私有财产决定国家制度和法，它是国家与法的决定性要素。

首先，不是政治国家决定私有财产，而是私有财产决定政治国家。黑格尔把长子继承权描写成政治国家对私有财产的权力，他说长子继承权只是政治的要求，应从长子继承权的政治地位和政治意义来理解，可见，黑格尔坚持政治国家对长子继承权即私有财产权的支配作用的观点。马克思揭露了黑格尔在长子继承权与政治国家关系问题上“倒因为果、倒果为因”。真实的关系是，私有财产规定国家和政治制度，构成它们的本质：“政治制度就其最高阶段来说，是私有财产的制度。最高的政治信念就是私有财产的信念。”①

其次，私有财产决定立法权。在马克思看来，长子继承权是私有财产决定立法权的最有力的证明。黑格尔认为，长子继承权是权利相关人与生俱来的地产权，该权利的取得是基于肉体出生的地位，而不需要社会意义上的普遍承认。马克思批判了黑格尔的“动物学世界观”的荒谬性，指出了国家中的立法权是国家各个环节的真正的价值和本质的“秘密”，私有财产是国家的本质意义之所在，是国家法权的真正主体。一方面，私有财产决定了国家与法（特别是立法权）；另一方面，国家法律和立法权的任务在于确认和保护私有财产，是为私有财产服务的。地产所有者的所有权是通过国家的立法形式而加以确立的，并得到社会的普遍认可。作为自由意志的体现，立法权“除了私有财产的内容外缺乏任何其他内容”②。

（三）马克思的人本主义思想

《批判》的主要内容不仅包括马克思的市民社会理论，对

① 《马克思恩格斯全集》第3卷，人民出版社2002年版，第123页。

② 《马克思恩格斯全集》第3卷，人民出版社2002年版，第127页。

黑格尔国家观的批判，还包括马克思的人本主义思想。人本主义思想是《批判》的另一重要内容。

1. 批判黑格尔的观念主体，把人确立为真正的主体

马克思在《批判》中充分继承了费尔巴哈的人本主义思想。正如前文所述，费尔巴哈人本学的起点就是批判黑格尔的思辨哲学。在费尔巴哈看来，黑格尔哲学的根本错误就是"主谓颠倒"或"主宾颠倒"。黑格尔哲学是思辨唯心主义哲学，它把观念、理性以及精神看作是世界的本原，其他东西都是从观念、理性以及精神中派生出来的，并且都是以观念、理性以及精神为最高本质的。这实际上将观念、理性以及精神确立为世界的"主体"或"主词"，其他东西都是由"主体"或"主词"派生出来、受其决定的"谓语"或"宾词"。费尔巴哈用人本学去批判思辨哲学的观念主体论，主张把人从思辨的观念、理性以及精神统治中解放出来，人才是真正的"主体"或"主词"。比如，在《关于哲学改造的临时纲要》中，费尔巴哈开始全面反对黑格尔以抽象的理念主体为出发点来建构整个体系的做法，提出要从人出发颠倒黑格尔哲学的主谓关系。费尔巴哈批判黑格尔哲学的最终成果就是置换了"主体"：黑格尔的抽象的、神秘的思维和逻辑主体被置换为费尔巴哈的现实的、直接的和感性的人。费尔巴哈把人确立为真正的主体，影响到青年马克思。马克思在《批判》中就指责黑格尔到处都把

观念当作主体，把国家理念当作主体，而把家庭和市民社会都看作是观念主体的产物；观念变成了主体，而现实的主体，比如家庭、市民社会以及现实的人变成了观念的因素，变成了观念的“谓语”。在黑格尔那里，之所以国家高于或者说决定家庭和市民社会，就因为国家是观念的主体，国家的基础或真正的内容是“受过教育的、意识到自身的精神”。马克思说道，在黑格尔那里，“变成主体的是：抽象的现实性、必然性（或实体性的差别）、实体性，因而是些抽象逻辑范畴”[①]。罢黜了黑格尔的观念主体，同费尔巴哈一样，马克思把人提升为真正的主体。人成为真正的主体，人也成为讨论一切问题的根据。但马克思的“人”与费尔巴哈的“人”不同。在费尔巴哈那里，所谓的现实的、直接的和感性的人还只是自然人，而不是社会的人。正是这一点引起了马克思的不满。对于费尔巴哈的《关于哲学改造的临时纲要》，马克思指出：“费尔巴哈的警句只有一点不能使我满意，这就是：他过多地强调自然而过少地强调政治。”我们要充分意识到，不能把马克思在《批判》中的人的概念完全等同于费尔巴哈的人的概念。事实上，马克思从来都不是“照单全收”地继承费尔巴哈人本主义思想，从一开始就是批判性地继承，在继承的基础上不断发展人本主义思想。

① 《马克思恩格斯全集》第3卷，人民出版社2002年版，第21页。

2. 马克思对“人的本质”的认识

马克思在《批判》中对“人的本质”有着自己的界定。我们对马克思的“人的本质”理论的历史演变做一个简单的梳理，从而更好地把握《批判》中的人本主义思想。

（1）自我意识是人的本质。马克思在《德谟克利特的自然哲学和伊壁鸠鲁的自然哲学的差别》即《博士论文》中，由于受到当时青年黑格尔派布鲁诺·鲍威尔等人的自我意识哲学的影响，认为自我意识是人的本质。马克思批判对上帝的存在的本体论证明，指出对神的存在的证明不外是对人的本质的自我意识存在的证明。与青年黑格尔派一样，马克思把自我意识看成人的本质、本性，认为人高于神，人性高于神性。马克思高度赞扬《被锁链锁住的普罗米修斯》中普罗米修斯说的一句话：“老实说，我痛恨所有的神。”反对机械唯物论和决定论，高扬人的主体地位和能动性，也是马克思强调自我意识是人的本质的重要理论意图。

（2）理性和自由是人的本质。马克思在《莱茵报》时期把理性和自由视为人的本质。马克思此刻的人的本质理论仍然没有超出黑格尔唯心主义的范围，和黑格尔一样，也是在人的精神领域内寻找人的本质。与《博士论文》时期不同的是，他不再把自我意识看作人的本质，而是把理性和自由看作人的本质。对当时的马克思来说，理性与自由是互通的概念，理性就是自由意志，自由就是合乎理性的。马克思之所以特别强调人的自由本质，就在于以此为理论根据，反对普鲁士专制统治特别是它的书报检查制度。马克思的现实意图是，为了在政治上维护出版自由、反对普鲁士政府的书报检查制度。他认为普鲁士政府的书报检查制度，反对的不仅仅是出版的自由，而且是扼杀人的一切自由。马克思以高度的热情和激情赞扬自由的出版物，他认为，自由的出版物是人民精神的慧眼，是人民自我信任的体现，是把个人同国家和整个世界联系起来的有声的纽带；自由的出版物是人民在自己面前的公开忏悔；自由出版物是从真正的现实中不断涌现出而又不断累增的精神财富汹涌澎湃地流回现实去的思想世界。

（3）社会性是人的本质。在《批判》以及《论犹太人问题》和《〈黑格尔法哲学批判〉导言》中，马克思突破了黑格尔的唯心主义体系，不再在人的精神和思维范围内寻找人的本质，不再把人的本质看作是人类的自我意识或理性和自由等精神因素，而是从现实的社会生活出发来寻求人的本质，认为人的本质具有社会性，社会属性是人的真正本质。

（4）自由自觉的劳动是人的本质。马克思在《1844年经济学哲学手稿》中提出了“劳动”概念，特别是异化劳动理论构成该手稿的核心内容。马克思把劳动看作是人与动物区分的根本标志，强调人的存在是自己获得、自我劳动的产物。劳动是人的根本的存在方式。并且，马克思提出，现代资本主义社会导致了劳动的异化，即异化劳动。现代资本主义的人的存在方式是异化劳动，它不是真正的劳动，而是真正劳动的异化。这个真正的劳动就是“自由自觉的劳动”。自由自觉的劳动构成了人的本质。人的本质的恢复，人的解放就是消除异化劳动，实现劳动的自由自觉的本性。

(5) 物质生产劳动及其社会关系是人的本质。马克思在《关于费尔巴哈提纲》和《德意志意识形态》等著作中，对人的本质的认识逐渐成熟，并且是立足于唯物史观理论基础上来规定人的本质的。马克思在《关于费尔巴哈提纲》中指出，人的本质在其现实性上是一切社会关系的总和。在《德意志意识形态》中，把物质生产劳动规定为现实个人的根本活动，它构成了人的本质。

接下来，我们具体论述马克思在《批判》中的“人的本质”理论。如前所述，此刻马克思论述“人的本质”脱离了黑格尔的唯心主义体系了，马克思主要从现实社会角度出发来探求人的本质。马克思首先指出，人具有两种特质即自然的肉体特质和社会特质（政治特质）。“国家的各种职能和活动同个人发生联系（国家只有通过各个人才能发生作用），但不是同作为肉体的个人，而是同作为政治的个人发生联系，同个人的政治特质发生联系。”[①] 但是，这两种特质，哪一种才是人的本质呢？马克思接着说，人的本质“不是它的胡子、它的血液、它的抽象的肉体，而是它的社会特质，而国家的职能等等不过是

① 《马克思恩格斯全集》第3卷，人民出版社2002年版，第29页。

人的社会特质的存在方式和活动方式”①。从这句话我们可以看出，马克思的人的本质的观点既比黑格尔把人的本质看成是人类的自我意识或理性和自由等精神因素的思想前进了一步，又比费尔巴哈过分强调人的自然肉体组织而忽视人的社会性、政治性的人本主义思想前进了一步。人的本质既不是精神属性，也不是自然属性，而是社会—政治属性。正是因为认识到了这一点，所以马克思转而从人类社会现实出发来研究人的本质。马克思在《批判》中把人类社会现实领会为家庭、市民社会和国家，也就是说从现实世界中的家庭、市民社会以及国家中去理解人的本质。家庭、市民社会和国家不过是人的本质的存在方式。正是如此，马克思从“人的本质”出发去看待家庭、市民社会和国家。“如果在阐述家庭、市民社会、国家等等时把人的这些社会存在方式看作人的本质的实现，看作人的本质的客观化，那么家庭等等就表现为主体所固有的特质。人始终是这一切实体性东西的本质，但这些实体性东西也表现为人的现实普遍性，因而也就是一切人共有的东西。”② 这段话中的“实体性东西”指的是家庭、市民社会和国家。这段话表达了相互联系的两个意思：第一，家庭、市民社会和国家是人的本质的客观化。家庭、市民社会和国家不是观念或精神活动的产物，它们是人的本质的对象化、客观化。所以说，对家庭、市民社

① 《马克思恩格斯全集》第3卷，人民出版社2002年版，第29页。

② 《马克思恩格斯全集》第3卷，人民出版社2002年版，第51—52页。

会和国家的正确理解不可能从观念精神的活动中获得，只能从人的本质出发获得准确理解：它们不过是人的社会存在或活动方式。人是家庭、市民社会和国家的本质，人是讨论诸如家庭、市民社会和国家等问题的前提。第二，人的本质实现载体或对象是家庭、市民社会和国家。人的本质实现于家庭、市民社会和国家中，对人的本质的把握，也需要从人的本质的对象出发。

3. 立足人的本质，批判导致人异化的一切异己力量

在《批判》中，马克思不仅脱离了理性主义传统，立足于现实社会去把握人的现实本质，而且也立足于价值层面或规范层面上来理解人的本质。与从家庭、市民社会和国家等方法出发不同，马克思在哲学价值层面上提出了“类存在”、“类本质”的概念，这些概念不仅在《批判》中暗含着，而且在《论犹太人问题》、《〈黑格尔法哲学批判〉导言》以及《1844年经济学哲学手稿》中得到越来越清晰的表达。“类存在”或“类本质”的概念来源于费尔巴哈，但马克思也赋予了新的意义。所谓的类存在或类本质，指的是人在真正共同体中的存在方式，人不以他人为手段，也不把自己当作手段，人是真正的目的；人与人之间的关系是作为人本身而发生的关系，而不是其他的，如物质的关系、利益的关系；人拥有真正的自由，充分实现了自己的本质，而不受异己力量的统治。一句话，真正的人是普遍性的存在，是充分实现类本质的人。马克思借助于人的类本质，批判一切奴役人、压迫人的力量和关系。马克思人本主义思想的彻底性表现为："必须推翻那些使人被侮辱、被奴役、被遗弃和被蔑视的东西的一切关系。"①

（1）立足人的类本质，批判人的二重化存在。以人的本质为理论依据和价值标准，马克思发现，现代社会中的人是二重性的存在，人是自我分裂、自我异化的。人过着双重生活，一是现实的、经验层面的市民生活；二是抽象的、政治层面的公民生活。马克思指出，现代世界中市民社会与国家之间的分裂，是现代人的自我异化的生存状态。或者说，市民社会与国家的分裂表现的是现代人的自我异化，即人的利己的经验存在与类存在的分裂。一方面，人在市民社会中过着私人的生活；另一方面，人在政治国家中过着普遍性生活。前者是人的个体性，后者是人的社会性。两者是分离的。人的本质的真正实现，或者说，人的解放就是在现实生活世界中将两者结合起来。马克思说道："只有当现实的个人把抽象的公民复归于自身，并且作为个人，在自己的经验生活、自己的个体劳动、自己的个体关系中间，成为类存在物的时候，只有当人认识到自身'固有的力量'是社会力量，并把这种力量组织起来因而不再把社会力量以政治力量的形式同自身分离的时候，只有到了

① 《马克思恩格斯全集》第3卷，人民出版社2002年版，第207—208页。

那个时候，人的解放才能完成。”[①] 市民社会与国家的分裂，不仅反映出现代人的二重性存在，而且也是导致现代人自我异化、自我分裂的原因，所以，消除人的异化、实现人的本质的问题就依赖于弥合市民社会与国家的分裂，在更高的层次上将两者统一起来。

（2）批判导致人的本质丧失的市民社会。马克思在批判黑格尔法哲学过程中，逐步发现导致现代人异化的根本原因不在于国家，而是市民社会。市民社会是统治人的异己力量。马克思在《批判》中意识到，市民社会是特殊性领域，利己主义和个人主义是它的基本原则。生活在市民社会中的人们总是自私自利的，把他人当作实现自己目的的手段，实际上也将自己降低为手段；市民社会中的人与人之间的关系是自私自利的个人之间的利益关系。市民社会使得人丧失了自己的类本质、共同性和普遍性，沦为利己的孤立的个人。他们虽是现实的、感性的人，却不是“真正的人”。也就是说，现实的人不是“真正的人”。沿着《批判》的思路，马克思在《论犹太人问题》中洞察到市民社会的根本理论是货币或金钱的力量。市民社会导致人的类本质的异化，说到底，金钱导致了人的类本质异化。人不再以自己的类本质为行动目标或追求对象，而是向金钱顶礼膜拜。金钱实际上是人的异化本质，但它却统治了人，人们对它佩服得五体投地。马克思继续探寻统治人的根本的异己力

① 《马克思恩格斯全集》第3卷，人民出版社2002年版，第189页。

量，在《1844年经济学哲学手稿》中，把金钱进一步发展为私有财产和异化劳动。导致现代人的本质的丧失的根源是私有财产和异化劳动的统治，人的本质的恢复就是消灭私有制，废除异化劳动。在《德意志意识形态》中，马克思认为，物质生产方式特别是分工是导致人异化的物质因素。实现人的本质，就是消灭分工。在《资本论》中，马克思明确了现代社会的决定性力量是资本和以资本为核心的生产关系。资本是导致现代人异化、导致工人阶级受剥削、受奴役的抽象力量。所以，现代人的解放就是消灭资本主义生产方式。从马克思不同时期的理论探索可知，以《批判》为起点，马克思就意识到导致人的本质异化的根本力量不在“国家”中，而在“市民社会”中。实现人的本质，恢复人的类存在，不在于批判理性、观念，而在于批判尘世；不在于批判国家，而在于批判市民社会。探索市民社会的本质和规律成为思考人的本质的前提，推翻市民社会的异己力量成为实现人的本质、人的解放的根本途径。

（3）批判“伦理国家”和“自由国家”。黑格尔的保守主义的“伦理国家”和资产阶级自由主义的“自由国家”都不过是人的类本质的抽象的、虚假的表现。“伦理国家”和“自由国家”都力图为人的类存在构建普遍性的共同体，但它们只不过是人的类存在或类本质的虚假实现：前者中的人不过是人的自我意识，后者中的人是抽象的公民，它们都与现实的个人相对立，也就是说“真正的人”不是现实的人。马克思认为，人的类本质的真正实现，不能脱离市民社会在其之上虚构抽象共同体，而是指出市民社会中的人的类存在之真正实现，只有依靠现实的人，依靠在市民社会内感性的活动的人来完成。

4. 科学对待马克思的人本主义思想

在如何对待马克思的人本主义思想问题上，存在两种错误的观点：第一种观点认为，人本主义思想是马克思早期不成熟的理论，马克思在成熟时期放弃了以前的人本主义思想。因此，马克思主义与人本主义思想是完全对立的。这种观点指出，人本主义思想主要存在于马克思早期著作中，比如《博士论文》、《批判》、《论犹太人问题》、《〈黑格尔法哲学批判〉导言》、《1844年经济学哲学手稿》。马克思在这些著作中使用了许多“不成熟的”术语，比如人的本质、异化等概念，而马克思在成熟著作中放弃了这些概念，取而代之的是生产力、生产关系、商品、货币、资本等科学概念。这种观点认为，我们要以成熟时期的马克思主义为理论指导，剔除马克思早期不成熟的人本主义思想。第二种观点认为，人本主义思想是马克思主义的精髓，马克思理论发展的顶峰就是早期的人本主义思想，而马克思晚年的理论探索背离了早期的人本主义思想，所以也是不正确的。坚持马克思主义，就是坚持马克思早期的人本主义思想。

这两种观点都是错误的，都将青年马克思与晚年马克思、人本主义思想与马克思主义割裂开来、对立起来。实际上，我们应该以一种辩证的、历史的眼光看待马克思的人本主义思想，既不拔高它，也不贬低它。科学对待马克思的人本主义思想，应注意以下三点：

第一，充分认识到人本主义思想贯穿于马克思一生的理论创作中。马克思主义是关于社会发展的客观真理和人的解放的价值目标完全统一的思想体系。马克思主义是始终以人为出发点，以人为中心，以人为最高目的的理论。人的解放、人的自由、自由个性、每个人的自由发展和由此实现的一切人的自由发展，是贯穿于马克思全部理论的主题。人的解放是马克思主义理论的主题，也贯穿于马克思一生的理论创作中。马克思在后期的著作中并没有放弃早期的人本主义思想，它们也始终抓住人的解放这个主题，探求实现人的解放的条件。比如，《资本论》仍然是以人的解放为主题的，它探寻现代资本主义社会发展规律，揭示出导致现代人异化的根本力量，从而为实现无产阶级和广大人民群众的解放提供理论指南。

第二，实事求是地评价马克思早期的人本主义思想。马克思早期著作的确蕴含着丰富的人本主义思想。我们要实事求是地对待这些人本主义思想，要坚决反对两种倾向。一种倾向是把马克思的人本主义思想完全等同于费尔巴哈的人本学，认为马克思人本主义思想完全停留在旧哲学的水平上。另一种倾向把早期的人本主义思想当作马克思主义的最高水平，它完全脱离了费尔巴哈旧哲学，是立足于新哲学和新世界观的人本主义。第一种倾向贬低了马克思早期人本主义思想，第二种倾向抬高了马克思早期人本主义思想，它们都不是科学的、客观的态度。我们应当在马克思的思想发展历程中审视其人本主义思想，公正客观地评价之。正是由于处于马克思的思想发展历程中，因此，一方面，它最大程度地继承了费尔巴哈的人本主义思想，早期著作有着许多费尔巴哈的痕迹，最直观的表现就是运用了费尔巴哈哲学的概念，如"类存在"、"类本质"等；另一方面，马克思在许多方面又超越了费尔巴哈思想，比如将费尔巴哈的自然人转化为社会人，强调人的社会历史属性。

第三，坚持和发扬马克思主义的人本主义思想，防止马克思主义教条化。坚持和发扬马克思主义的人本主义思想和精神，有助于我们科学对待马克思主义。受苏联的影响，传统教科书出现了抽象化、教条化理解马克思主义的倾向。把马克思主义片面化为"见物不见人"的抽象理论体系，甚至把马克思主义等同于经济决定论。马克思主义是科学性和价值性的统一，它是关于社会发展客观规律和人的解放学说的统一。

三、《黑格尔法哲学批判》思想的拓展

（一）《德法年鉴》情况的介绍

1843 年 10 月中旬，马克思离开德国前往法国巴黎，与卢格一起筹办《德法年鉴》。他们打算通过这个刊物把德国和法国学术界的进步力量联合起来，“在批判旧世界中发现新世界”。马克思在巴黎研究了政治经济学和法国历史，接触到了工人运动，考察了资本主义社会的矛盾，他的政治思想和世界观发生了新的变化。《德法年鉴》预定从 1844 年 1 月开始出版，每月一期。后来由于马克思与卢格之间的分歧以及在其他方面所遇到的困难，杂志未能长期坚持下去，只是在 1844 年 3 月出版了一期合刊。

马克思在《德法年鉴》中发表了两篇文章：《论犹太人问题》和《〈黑格尔法哲学批判〉导言》。前者是 1843 年秋在克罗茨纳赫写的，后者是 1843 年底在巴黎写的。这两篇文章是马克思《批判》思想的继承与发展，与《批判》有着很强的连续性。理论界一般将《批判》和《德法年鉴》两篇文章放在一起进行考察，也是由于它们之间的理论主题连贯性和思想一致性所致。总的来说，《批判》标志着马克思开始从唯心主义向唯物主义、从革命民主主义向共产主义的转变，而《论犹太人问题》和《〈黑格尔法哲学批判〉导言》则标志着马克思完成了从唯心主义向唯物主义、从革命民主主义向共产主义的转变。

马克思在《论犹太人问题》中驳斥鲍威尔把社会政治问题化为神学问题的错误观点，指出宗教不是政治压迫的原因，而是它的表现，指出必须先消灭政治压迫，才能克服宗教狭隘性。马克思阐明了政治解放和人的解放的内容和性质，指出，政治革命把市民社会从封建主义下解放出来，实现了政治解放，即消灭等级制、同业公会和特权，这是历史的进步。但是，政治解放实现的是资产阶级的民主自由，还不是人的解放，只是为人的解放创造了前提。人的解放要求突破政治解放的历史局限性，对社会进行改造，消灭私有制，消灭人的生活本身的异化。马克思在《论犹太人问题》文章中继承并拓展了批判黑格尔思辨唯心主义的理论成果，不是从宗教、观念等精神领域去寻求人的生存问题，而是从现实的市民社会和政治领域去探寻社会矛盾和人的异化问题，进一步从唯心主义世界观转向了唯物主义世界观。《论犹太人问题》继承了《批判》中的市民社会理论，并在市民社会理论基础上去理解资产阶级的政治解放，政治解放只是把旧市民社会从国家的束缚中解放出来，也就是现代世界出现的市民社会与国家的分离。但马克思也指出，政治解放只是“政治革命”，并不是市民社会本身的革命，即彻底的“社会革命”。马克思在《批判》中主要揭露了君主专制制度的落后性，在《论犹太人问题》上则进一步发展为对资产阶级政治国家和政治制度的批判，揭露出资产阶级国家和政治制度的虚假性。马克思政治立场进一步从革命民主主义转向共产主义。

马克思在《论犹太人问题》中实际上阐明了资产阶级革命和共产主义革命之间的区别，但还没有明确指出推翻现代资本主义社会的力量和途径。马克思在《〈黑格尔法哲学批判〉导言》中论述了人的解放的历史必然性以及实现人的解放和动力问题。马克思指出，资产阶级革命只是市民社会的一部分解放了自己，取得普遍统治，它丝毫不触及旧制度的基础。他指出，对德国来说，必须进行彻底的革命，指出无产阶级是这个革命的领导者，论述了无产阶级的历史作用。无产阶级的社会地位不仅表明它能彻底代表普遍利益，而且表明它是能够为消灭任何奴役而斗争的阶级。无产阶级肩负的历史任务不是去实现一定阶级和阶层的受历史制约的局部解放，而是实现人的解放。此外，马克思还阐述了革命理论与革命实践相结合的必要性。“市民社会决定国家”意味着只能从市民社会本身出发寻求统治人、奴役人的异己力量并从市民社会本身寻求解放的出路。马克思在《〈黑格尔法哲学批判〉导言》中不仅坚持了市民社会革命的观点，而且进一步把市民社会革命的主体明确为无产阶级，阐述了市民社会革命的途径和条件。这些思想都表明马克思已从革命民主主义转向共产主义，也是《批判》思想的合乎逻辑的发展结果。

总而言之，《德法年鉴》的两篇文章是《批判》思想的继承和发展。我们对《批判》的学习与研究，必须结合《论犹太人问题》和《〈黑格尔法哲学批判〉导言》来考察，放在“两个转变”的思想视野中分析。

（二）《德法年鉴》思想的核心要点

1. 不能把社会政治问题化为宗教问题

《论犹太人问题》是马克思为批驳鲍威尔在犹太人问题和宗教问题上的错误观点而写的。犹太人问题是19世纪初期德国社会和政治生活中的一个棘手问题。德意志国家是基督教国家，主要信仰基督教，犹太教士和犹太人在政治上遭受迫害，在相当大的程度上被剥夺了政治权利。1816年普鲁士政府更是颁布法律，禁止犹太人担任国家公职。这激起了犹太人的公开反抗和斗争，进而使犹太人问题在当时成为各派人士普遍关注的话题。鲍威尔在此背景下写作了《犹太人问题》和《现代犹太人和基督教获得自由的能力》两部著作。鲍威尔的主要观点是：犹太人要实现自身解放，获得政治权利，要以放弃自己的宗教信仰为前提，即他把犹太人解放问题归结为宗教问题。

（1）鲍威尔的错误观点。

德国的犹太人渴望解放，想从基督教国家中解放出来，即公民解放、政治解放。而基督教国家按其本质来看，是不会解放犹太人的，因为犹太人和基督徒之间有着最顽固的对立即“宗教的对立”。怎样才能使宗教对立不能成立呢？废除宗教。废除宗教在鲍威尔那里表现为两个方面：一是犹太人要从自己宗教信仰中解放出来，即放弃犹太教，成为无神论者；二是基督教国家也要从宗教中解放出来，在政治上废除宗教，从而成为“国家本身”。马克思说道：“一方面，鲍威尔要求犹太人放弃犹太教，要求一般人放弃宗教，以便作为公民得到解放。另一方面，鲍威尔坚决认为宗教在政治上的废除就是宗教的完全废除。以宗教为前提的国家，还不是真正的、不是现实的国家。”[①] 马克思从这两个方面出发揭露鲍威尔的错误。首先，犹太人所要求的公民权利即政治解放并不以放弃宗教信仰为前提。马克思反问鲍威尔：“政治解放的观点有权利要求犹太人废除犹太教，要求一般人废除宗教吗？”[②] 答案当然是否定的。马克思指出，人为了获得普遍人权即获得政治解放，并不必然牺牲信仰的特权。现在资本主义社会现实也证明了这一点。当今资本主义最为发达的美国在政治层面上普遍实现自由民主制度，人们获得了充分的政治自由民主权利，但这并不影响绝大

① 《马克思恩格斯全集》第3卷，人民出版社2002年版，第167页。

② 《马克思恩格斯全集》第3卷，人民出版社2002年版，第168页。

多数公民信仰宗教。其次，马克思认为，宗教在政治上的废除并不是宗教的完全废除。比如，基督教国家不再宣称基督教为国教，国家脱离基督教而自行运行，即在政治上废除宗教，政治国家从宗教的束缚中摆脱出来，但并不意味着每个人都放弃了基督教，基督教在社会上也并未被废除。“由此可见，甚至在绝大多数人还信奉宗教的情况下，国家是可以从宗教中解放出来的。”①

（2）社会世俗基础是宗教存在的根源，而不是相反。

犹太人问题不是单纯的宗教或神学问题，而是世俗问题；分析、解决宗教问题必须从它的社会世俗基础入手。鲍威尔等青年黑格尔派把世俗问题化为神学问题，用迷信来说明历史；他们认为一旦消除人们的宗教局限性，就能消除人们的世俗限制。马克思批判青年黑格尔派在宗教问题上的唯心主义观点，认为宗教的根源只能从国家和世俗基础中寻求正确的理解。“因为宗教的存在是一种缺陷的存在，那么这种缺陷的根源就只能到国家自身的本质中去寻找。”② “人就是人的世界，就是国家、社会。这个国家、这个社会产生了宗教，一种颠倒的世界意识，因为它们就是颠倒的世界。”③ 具体到犹太教和犹太人问题，马克思要求我们不是到犹太教那里去寻求犹太人的秘

---

① 《马克思恩格斯全集》第3卷，人民出版社2002年版，第170页。

② 《马克思恩格斯全集》第3卷，人民出版社2002年版，第169页。

③ 《马克思恩格斯全集》第3卷，人民出版社2002年版，第199页。

密，而是到现实的犹太人那里去寻找他们宗教的秘密。马克思把犹太人宗教问题的世俗基础理解为普遍利益与私人利益之间的冲突，政治国家与市民社会之间的分裂；理解为实际需要、自私自利以及金钱统治。“犹太教的世俗基础是什么？实际需要，自私自利。犹太人的世俗礼拜是什么呢？做生意。”①

马克思进一步将《批判》中的“市民社会决定国家”的唯物主义原则运用到分析犹太人问题和宗教问题，市民社会不仅决定国家和政治制度，而且也决定了宗教等意识形态。市民社会和国家等世俗基础是宗教产生、存在与发展的根源，分析宗教问题必须从它的世俗基础入手。“我们不把世俗问题化为神学问题。我们要把神学问题化为世俗问题。”②

（3）宗教批判与社会政治批判的关系。

在探讨犹太人问题和德国人解放问题的过程中，马克思逐步揭示出宗教批判与社会政治批判之间的关系，明确了宗教批判转化为政治批判和社会现实批判的必要性的观点。

第一，马克思肯定了宗教批判的意义。宗教批判的理论依据是：人创造了宗教，而不是宗教创造了人。“宗教是还没有获得自身或已经再度丧失自身的人的自我意识和自我感觉。”③宗教是这个世界的理论表现，反对宗教这种颠倒的世界意识，

① 《马克思恩格斯全集》第3卷，人民出版社2002年版，第191页。

② 《马克思恩格斯全集》第3卷，人民出版社2002年版，第169页。

③ 《马克思恩格斯全集》第3卷，人民出版社2002年版，第199页。

就是间接地反对这个颠倒的世界。宗教是人的本质的异化，说明人的真正本质不能在现实世界中得到实现，只能通过幻想的、抽象的形式在宗教世界中得到实现。“宗教是人的本质在幻想中的实现，因为人的本质不具有真正的现实性。”[①] 马克思总结道，宗教是人民的鸦片，宗教里的苦难既是现实的苦难的表现，又是对这种现实苦难的抗议。宗教是被压迫生灵的叹息，是无情世界的心境。可见，宗教是现实世界粉饰太平的手段，现实世界通过宗教给人民“虚幻幸福”，宗教成为人的本质的“虚幻太阳”。因此，“反宗教的斗争间接地就是反对以宗教为精神抚慰的那个世界的斗争”[②]。反宗教的斗争或宗教批判的积极成果是，破除了现实世界的“神圣光环”。它使人民不再抱幻想而是理智地思考人的存在和本质，使人们意识到要废除作为人民虚幻幸福的宗教，要求人民的现实幸福。总而言之，宗教批判是对苦难尘世和现实世界批判的萌芽和先导，是“一切批判的前提”[③]。

第二，马克思指出了社会政治批判的决定性作用。宗教批判只是一切批判的前提，不是批判的全部，也不是最重要的方面。马克思指出，宗教批判必须转化为对政治的批判、对社会现实的批判。“真理的彼岸世界消逝以后，历史的任务就是确

① 《马克思恩格斯全集》第3卷，人民出版社2002年版，第199页。

② 《马克思恩格斯全集》第3卷，人民出版社2002年版，第199—200页。

③ 《马克思恩格斯全集》第3卷，人民出版社2002年版，第199页。

立此岸世界的真理。人的自我异化的神圣形象被揭穿以后，揭露具有非神圣形象的自我异化，就成了为历史服务的哲学的迫切任务。于是，对天国的批判变成对尘世的批判，对宗教的批判变成对法的批判，对神学的批判变成对政治的批判。”① 青年黑格尔派的根本错误在于，把一切问题归结为宗教和观念问题，把解决问题的方法归结为宗教批判和观念批判。马克思在《德意志意识形态》中对此做过集中的批判。马克思指出，从施特劳斯到施蒂纳的整个德国哲学批判都是局限于对宗教观念的批判。他们通过以宗教观念代替一切或者宣布一切都是神学上的东西来批判一切。他们认为，宗教、观念和普遍的东西统治着现存世界和人，把一切占统治地位的关系宣布为宗教的关系，消除统治世界和人的枷锁的方法就是同宗教、观念等作斗争，即宗教批判和观念批判。马克思认为，青年黑格尔派最终停留在宗教批判上，没有意识到政治批判和社会现实批判的决定性意义。马克思说道：“这些哲学家没有一个想到要提出关于德国哲学和德国现实之间的联系问题，关于他们所作的批判和他们自身的物质环境之间的联系问题。”②

2. 政治解放的限度

（1）政治解放的含义和历史意义。政治解放是马克思《论

① 《马克思恩格斯全集》第3卷，人民出版社2002年版，第200页。

② 《马克思恩格斯选集》第1卷，人民出版社1995年版，第66页。

犹太人问题》一文中的核心概念。政治解放是近代资产阶级所领导的革命，推动人类社会由封建专制主义社会走向资产阶级社会，具有一定的历史合理性。我们可以从三个方面分析政治解放的含义及其历史意义。

第一，政治解放指国家从宗教的束缚中解放出来，实现政教分离。宗教信仰与政治制度有两种基本类型：政教合一和政教分离。在前资本主义时期，世界各国和各地区的政治模式主要是政教合一。资产阶级政治解放的功绩在于它在政治上废除了宗教，消除了宗教信仰对国家政权和政治制度的支配性作用，实现了政教分离，保证了政治国家和国家制度的独立性和自主性。马克思说："犹太教徒、基督徒、一般宗教信徒的政治解放，是国家从犹太教、基督教和一般宗教中解放出来。当国家从国教中解放出来，就是说，当国家作为一个国家，不信奉任何宗教，确切地说，信奉作为国家的自身时，国家才以自己的形式，以自己本质所固有的方式，作为一个国家，从宗教中解放出来。"①

政治解放为什么能促成政教分离呢？原因在于：政治解放是以政治革命为实现途径的，而政治革命是市民社会的部分革命。它要求消除附加在国家和市民社会中的一切国教、宗教特权。但是，国家从宗教中解放出来即政教分离并不意味着人已经放弃了宗教，而只是宗教在公法领域和国家领域中被废除，

---

① 《马克思恩格斯全集》第3卷，人民出版社2002年版，第170页。

宗教已经转移到私法领域、市民社会领域，整个宗教被赋予了纯粹私人事务的形式。

政教分离也不意味着政治国家与宗教信仰截然对立、完全排斥。在绝大多数资产阶级国家，政治和宗教建立了一种相对和平的、理性的关系：一方面，国家和政府承认其领土内的各种宗教并保护宗教信仰自由；另一方面，各宗教必须在国家的宪法和其他法律允许的范围内开展其活动。

第二，政治解放使市民社会从政治国家中解放出来。政治解放的历史功绩不仅在于它消除了国家的宗教性质，而且在于它消除了旧市民社会的政治性质，废除了私有财产、出身、等级、文化程度、职业等政治特权。在封建专制制度下，财产或劳动等经济因素没有上升为独立的社会要素，相反，这些市民社会要素直接具有政治性质。这些要素以国家政治形式规定着市民社会，也就是说市民社会处于国家的统治之下，没有成为一种独立于国家的自治力量。政治解放摧毁了一切等级、同业公会和封建特权，消灭了市民社会的政治性质，将市民社会还原为由物质要素和精神要素等构成的个体活动领域。

第三，政治解放指人们从传统共同体和身份制度中解放出来，成为独立的个人。马克思根据人的发展程度将人类社会分为三个阶段：第一个阶段是“人的依赖关系”的发展阶段；第二个阶段是“以物的依赖性为基础的人的独立性”阶段即资本主义时代；第三个阶段是“人的自由个性”阶段即共产主义社会。在前资本主义社会中，人与人的关系表现为明显的人身依附关系，人与人之间的关系总是依附于某一个共同体，在某种“身份”的规定下相互发生关系，如封建主和臣仆关系、地主和农奴的关系、家长和子女的关系。个人要么从属于由血缘关系形成的自然共同体，要么从属于拟血缘、拟家长制的政治共同体。个人是没有“自我”的，没有独立的存在权利和价值，甚至没有人身自由。人们只有从共同体中获得某种身份、并基于该身份获得相应的权利、承担相应的义务。政治解放的意义就是使人从血缘共同体和具有政治性质的封建关系中解放出来，把人归结为市民社会的成员，归结为独立的个人。“封建社会已经瓦解，只剩下了自己的基础——人，但这是作为它的真正基础的人，即利己的人。”①

（2）批判以“政治解放”为核心的资产阶级政治制度。马克思在对犹太人问题的探讨中，洞察到政治解放的局限性，意识到资产阶级政治制度的虚假性。马克思的政治立场逐步从革命民主主义立场转变为共产主义立场，这一变化的集中体现就是他对政治解放的批判。“只有对政治解放本身的批判，才是对犹太人问题的最终批判，也才能使这个问题真正变成‘当代的普遍问题’。”②

第一，严格区分政治解放与人的解放。鲍威尔没有探讨政

① 《马克思恩格斯全集》第3卷，人民出版社2002年版，第187页。

② 《马克思恩格斯全集》第3卷，人民出版社2002年版，第167页。

治解放与人的解放的关系，马克思指责他毫无批判地把政治解放和普遍的人的解放混为一谈。尽管政治解放是人的解放的某种形式："政治解放当然是一大进步；尽管它不是一般人的解放的最后形式，但在迄今为止的世界制度内，它是人的解放的最后形式"[①]；但更为重要的是两者的区分：政治解放并不意味着人的解放的实现。"摆脱了宗教的政治解放，不是彻头彻尾没有矛盾地摆脱了宗教的解放，因为政治解放不是彻头彻尾、没有矛盾的人的解放方式。"[②] 作为政治解放成果的"自由国家"也可以在"人还不是自由人"的情况下建立起来。"政治解放的限度一开始就表现在：即使人还没有真正摆脱某种限制，国家也可以摆脱这种限制，即使人还不是自由人，国家也可以成为自由国家。"[③]

第二，政治解放所建立的资产阶级国家不是人的本质和人民利益的普遍代表，而是以私有财产和市民社会利己主义原则为前提的。"自由国家"是人的自由和普遍本质的虚假实现。资产阶级高呼自由、民主和博爱等口号，指出其所建立的资产阶级国家是"自由国家"，是人的自由的表现，实现了人们的普遍本质。马克思指出，资产阶级国家并不是人们自由的现实性存在，只是人的自由的虚构载体即中介，就像人把自己本质

① 《马克思恩格斯全集》第 3 卷，人民出版社 2002 年版，第 174 页。

② 《马克思恩格斯全集》第 3 卷，人民出版社 2002 年版，第 170 页。

③ 《马克思恩格斯全集》第 3 卷，人民出版社 2002 年版，第 170 页。

投射到宗教上一样。"国家是人以及人的自由之间的中介者。正像基督是中介者，人把自己的全部神性、自己的全部宗教约束性都加在他身上一样，国家也是中介者，人把自己的全部非神性、自己的全部人的无约束性寄托在它身上。"① 可见，正如人们把在现实中无法实现的本质投射到宗教上一样，人们也是把在现实社会中无法实现的自由投射到国家上。国家成为人的自由的"宗教"。另外，资产阶级还指出，政治解放所建立的资产阶级国家代表着人们的"类生活"，即人在国家这一共同体中过着真正意义上的自由生活。马克思揭露，现代人在资产阶级时代过着双重的、分裂的生活：天国的生活和尘世的生活。天国的生活指政治共同体中的生活，人把自己当作社会存在物；尘世生活指市民社会中的生活，人把他人看作工具，把自己也降为工具，人作为自私自利的人进行活动。可以看出，资本主义时代的人们的生活方式是二重化的、分裂的。人的真正本质不能实现于现实世界中，只能"实现"于虚构的共同体中。"在国家中，即在被看作是类存在物的地方，人是想像的主权中虚构的成员；在这里，他被剥夺了自己现实的个人生活，却充满了非现实的普遍性。"② 总而言之，作为政治解放的重要成果即"自由国家"并不是人的"类生活"的实现，它并没有解决现代人的二重性存在问题："政治解放一方面把人归

① 《马克思恩格斯全集》第3卷，人民出版社2002年版，第171页。

② 《马克思恩格斯全集》第3卷，人民出版社2002年版，第173页。

结为市民社会的成员，归结为利己的、独立的个体，另一方面把人归结为公民、归结为法人。”①

资产阶级国家以私有财产和市民社会利己主义原则为前提和基础。资产阶级打着普遍利益的幌子，向人民宣称资产阶级国家废除了私有财产的束缚，而成为全体人民的共同利益的代表。比如，资产阶级在国家层面上取消了选举权和被选举权的财产资格限制；在政治权利上，资产阶级国家强调人人平等、废除出身、等级、文化程度、职业等差别。马克思指出，从政治上废除私有财产并不意味着在社会层面上废除了私有财产，恰恰相反，资产阶级国家是以私有财产为前提的；国家宣布出身、等级、文化程度、职业为非政治的差别，并没有消除它们在市民社会中的影响。“国家还是让私有财产、文化程度、职业以及它们固有的方式，即作为私有财产、作为文化程度、作为职业来发挥作用并表现出它们的特殊本质。国家根本没有废除这些实际差别，相反，只有以这些差别为前提，它才存在。”② 马克思进一步指出，资产阶级国家是建立在市民社会及其利己主义原则基础上的。“它把市民社会、也就是把需要、劳动、私人利益和私人权利等领域看作自己持续存在的基础，看作无须进一步论证的前提，从而看作自己的自然基础。”③

① 《马克思恩格斯全集》第3卷，人民出版社2002年版，第189页。

② 《马克思恩格斯全集》第3卷，人民出版社2002年版，第172页。

③ 《马克思恩格斯全集》第3卷，人民出版社2002年版，第188页。

第三，资产阶级自由、人权等政治权利是形式的、虚幻的。人权是政治解放的最重要的成果，也是资产阶级自由主义的核心价值。而在马克思看来，政治解放所承诺的自由、平等等资产阶级人权是抽象的、消极的和虚假的——一句话是形式的而非实质的。马克思是借助于（特别是黑格尔）法哲学框架展开说明的。现代社会的抽象二元性，一方面，表现为市民社会与国家的对立；另一方面，又表现为人的个体性存在与社会性存在之间的矛盾。马克思立足于这一二元论框架分析了资产阶级核心价值。马克思指出，资产阶级之人权无非是市民社会成员的“自然权利”，是“同其他人并同共同体分离开来的权利”。市民社会成员的权利与政治共同体之权利体现为人权与公民权的对立。自由同样是市民社会意义上的自由，是“人作为孤立的、退居于自身的单子的自由”。“自由这一人权不是建立在人与人相结合的基础上，而是相反，建立在人与人相分隔的基础上。这一权利就是这种分隔的权利，是狭隘的、局限于自身的个人的权利。”[①] 马克思把资产阶级的自由归结为与共同体自由相对立的私人自由。并且这样的自由是以私有财产为基础的。“自由这一人权的实际应用就是私有财产这一人权。”[②] 马克思总结道：“任何一种所谓的人权都没有超出利己的人，没有超出作为市民社会成员的人，即没有超出作为退居于自

① 《马克思恩格斯全集》第3卷，人民出版社2002年版，第183页。

② 《马克思恩格斯全集》第3卷，人民出版社2002年版，第183页。

身，退居于自己的私人利益和自己的私人任意，与共同体分隔开来的个体的人。在这些权利中，人绝对不是类存在物，相反，类生活本身，即社会，显现为诸个体的外部框架，显现为他们原有的独立性的限制。"① 马克思批判资产阶级自由主义将拥有消极自由的人视为"本来意义上的人"、"真正的人"。

3. 关于人的解放的途径、主体和条件

（1）市民社会批判与人的解放。政治解放是政治革命的成果。资产阶级政治革命把市民社会从封建专制制度下解放出来，实现了政治解放，即消灭了等级制、同业公会和特权，这是历史的进步。但是，政治解放实现的资产阶级自由民主，还不是人的解放，只是为人的解放创造了前提。人的解放要求突破政治革命和政治解放的历史局限性，对市民社会本身进行批判，实现"社会革命"，消灭私有制、消灭金钱原则、消除人的生活本身的异化。

通过《批判》的理论探索，马克思把理论关注点逐步从"国家"转移到"市民社会"，从"政治"转移到"社会"。马克思意识到决定现实人存在与发展的根本领域不是政治国家领域，而是市民社会领域。进而，马克思充分把握到导致人的异化的根源不在政治国家，而是在市民社会之中。实现人的解放的首要目标是批判市民社会，实现社会革命。马克思揭示出市

① 《马克思恩格斯全集》第 3 卷，人民出版社 2002 年版，第 184—185 页。

民社会的根本力量是私有财产和金钱。“实际需要、利己主义是市民社会的原则；只要市民社会完全从自身产生出政治国家，这个原则就赤裸裸地显现出来。实际需要和自私自利的神就是金钱。”[①] 马克思把市民社会原则领会为犹太精神，即做生意和金钱。金钱是统治现实人的抽象力量，它导致了人的异化。金钱贬低了一切事物，消除了一切事物的普遍的、独立自在的价值，与此同时，金钱成为一切事物衡量自身的标准，即金钱剥夺了整个世界（自然界和人的世界）的固有价值。“金钱是以色列人的妒忌之神；在他面前，一切神都要退位。金钱贬低了人所崇奉的一切神，并把一切神都变成商品。金钱是一切事物的普遍的、独立自在的价值。因此它剥夺了整个世界——人的世界和自然界——固有的价值。金钱是人的劳动和人的存在的同人相异化的本质；这种异己的本质统治了人，而人则向它顶礼膜拜。”[②] 金钱使得人们让渡了自己的本质，人们不再以自己的本质和自主活动来发生相互关系，而是以金钱为中介，人的自身活动以及相互间的活动交往都变成了金钱关系。“在利己的需要的统治下，人只有使自己的产品和自己的活动处于异己本质的支配之下，使其具有异己本质——金钱——的作用，才能实际进行活动，才能实际生产出物品。”[③]

---

① 《马克思恩格斯全集》第 3 卷，人民出版社 2002 年版，第 194 页。

② 《马克思恩格斯全集》第 3 卷，人民出版社 2002 年版，第 194 页。

③ 《马克思恩格斯全集》第 3 卷，人民出版社 2002 年版，第 197 页。

由于私有财产和金钱在市民社会发挥着统治功能，导致了人的异化，所以，人的解放就是从“犹太精神”即私有财产和金钱原则中解放出来。“从做生意和金钱中解放出来——因而从实际的、实在的犹太教中解放出来——就会是现代的自我解放了。”①

（2）人的解放的主体。马克思在《〈黑格尔法哲学批判〉导言》的共产主义立场表现为把无产阶级确定为人的解放的主体，论证了无产阶级的历史地位。资产阶级是政治解放的主体，领导政治革命。马克思把资产阶级革命称之为“纯政治革命”。“部分的纯政治的革命的基础是什么呢？就是市民社会的一部分解放自己，取得普遍统治，就是一定的阶级从自己的特殊地位出发，从事社会的普遍解放。”② 可见，资产阶级政治革命只是“市民社会的一部分”的解放，而不是整个社会的解放，实际上是资产阶级自身的解放。而人的解放是触及大厦支柱（私有制）的革命，是“普遍解放”。除了资产阶级不代表普遍社会解放的利益，资产阶级力量的有限性也是它无法领导人的解放的革命的重要因素。马克思指出，德国资产阶级根本无法取得革命领导权。首先，在德国，资产阶级还没有发展起来、处于不断上升时期，它与无产阶级之间的对立已经发展起来了；它刚刚卷入同封建贵族的斗争就与无产者展开激烈斗

① 《马克思恩格斯全集》第3卷，人民出版社2002年版，第192页。
② 《马克思恩格斯全集》第3卷，人民出版社2002年版，第210页。

争。其次，德国资产阶级非常软弱。他们缺乏那些坚毅、尖锐、胆识、无情，缺乏和人民魂魄相同的开阔胸怀，缺乏利用物质力量去实现政治暴力的天赋，缺乏革命的大无畏精神。

德国革命的实际可能性就在于形成一个特殊阶级即无产阶级，它是一个被戴上彻底锁链的阶级，一个并非市民阶级的市民社会阶级。马克思指出，德国无产阶级“不是同德国国家制度的后果处于片面的对立，而是同这种制度的前提处于全面的对立”[①]。无产阶级不是自然形成的，而是社会压迫、私有财产统治的结果，它不拥有市民社会的任何权利，它是人性的完全丧失。一句话，无产阶级与市民社会的全面对立说明：它必须解放整个社会领域才能解放自己。无产阶级“若不从其他一切社会领域解放出来从而解放其他一切社会领域就不能解放自己的领域，总之，形成这样一个领域，它表明人的完全丧失，并因而只有通过人的完全回复才能回复自己本身。社会解体的这个结果，就是无产阶级这个特殊等级”[②]。

因此，无产阶级的社会地位（被市民社会彻底抛弃）不仅表明了它超越市民社会的特殊利益能彻底代表普遍利益，而且表明它彻底的革命性和进步性，具有为消灭一切奴役和压迫而斗争的革命动力。无产阶级肩负的历史使命不是去实现某一阶级，或市民社会的局部解放，而是实现彻底的、全

① 《马克思恩格斯全集》第3卷，人民出版社2002年版，第213页。

② 《马克思恩格斯全集》第3卷，人民出版社2002年版，第213页。

人类的解放。

（3）人的解放的条件。马克思指出，革命理论和革命实践是实现人的解放的条件。“批判的武器当然不能代表武器的批判，物质力量只能用物质力量来摧毁；但是理论一经掌握群众，也会变成物质力量。”① 无产阶级实现人的解放必须将“批判的武器”和“武器的批判”结合起来。“批判的武器”指的是革命理论；“武器的批判”指的是革命实践（包括物质条件）。马克思主张革命理论与革命实践的结合与统一。马克思批判了两种错误派别：一是“实践派”。否定哲学和理论的指导作用，企图通过直接的行动来影响和改变现实关系。二是“理论派”。认为一切斗争都表现为哲学、理论同这个世界的批判斗争，只要在哲学理论中变革、革命就可以改变世界。

马克思还提出人的解放要将“无产阶级”与“哲学”结合起来。“哲学把无产阶级当作自己的物质武器，同样，无产阶级也把哲学当作自己的精神武器。”② “德国人的解放就是人的解放。这个解放的头脑是哲学，它的心脏是无产阶级。”③

① 《马克思恩格斯全集》第3卷，人民出版社2002年版，第207页。
② 《马克思恩格斯全集》第3卷，人民出版社2002年版，第214页。
③ 《马克思恩格斯全集》第3卷，人民出版社2002年版，第214页。

四、《黑格尔法哲学批判》的当代启示

（一）市民社会理论的启示

1. 以经济建设为中心

《批判》中最重要的一条原则就是“市民社会决定国家”。“市民社会决定国家”是唯物史观基本原理的初步表述，是“经济基础决定上层建筑”原则的第一次表达与论证。按照邓小平提出的“学马列要精”的精神，我们在新时期学习和运用《批判》，就是要抓住这一基本原则。马克思的“市民社会”或“经济基础”决定性作用的观点启示我们在社会主义现代化建设进程中要始终坚持“以经济建设为中心”。

改革开放以来，我国社会主义建设取得了举世瞩目的成就，其原因就在于中国共产党人坚持并创造性运用了“市民社会决定国家”、“经济基础决定上层建筑”唯物史观这一根本原理。而新中国建立到改革开放之前，我国社会主义建设出现了严重的失误，根本原因在于我们党犯了“左”的错误，以阶级斗争为纲，忽视了生产力的发展，片面强调生产关系和上层建筑变革的重要性。邓小平以唯物史观基本原理为理论立足点，明确了社会主义的根本任务是解放和发展生产力，要以经济建设为中心，把集中力量发展社会生产力摆在首要地位。把“解放生产力和发展生产力”确立为社会主义本质的重要内容。全党提出了社会主义初级阶段的基本路线。这条基本路线把大力发展生产力、推进经济建设作为全党和全国工作的中心，各项工作都要服从和服务于这一中心。以邓小平为核心的第二代领导集体充分意识到，只有发展生产力，搞好经济建设，才能增强综合国力，改善人民生活，巩固和完善社会主义制度。江泽民多次强调，以经济建设为中心是不可动摇的原则。2000 年 10 月，江泽民指出：“改革开放，我们有一条十分重要的经验，就是不论发生什么事情，国际的也好，国内的也好，只要不发生大规模的外敌入侵，都始终扭住经济建设这个中心不放。今后，我们要继续坚定不移地这样做。”另外，能否搞好经济建设、代表先进生产力发展要求是衡量党的先进性的重要标准之一。“市民社会决定国家”原则启示我们，党的执政基础的巩固、社会主义制度的完善要求我们党要始终代表先进的生产力发展方向，否则，党的执政基础和社会主义制度就会发生动摇。以胡锦涛为总书记的党中央提出了科学发展观重大战略思想。科学发展观的第一要义是发展，仍然是要以经济建设为中心，全面推进经济建设、政治建设、文化建设和社会建设，实现经济发展和社会全面进步。其中，经济建设是根本，它为政治建设、文化建设和社会建设等各个方面打下了坚实的物质基础。

新世纪以来，我国社会主义建设出现了一些新情况、新问题，总体上处于改革转型期和矛盾突发期。很多问题成为新的关注热点和难点。比如，政治体制改革问题、生态环境恶化问题、贫富分化问题、群体性突发事件，等等。有些人指出，在这种情况下，我们要调整基本路线，不宜提“以经济建设为中心”，而应当以其他任务（如社会建设、稳定、文化建设、政治改革）为中心。这种看法虽然看到了我国社会主义建设过程中的新问题、新情况，但它根本上违反了“市民社会决定国家”、“经济基础决定上层建筑”的基本原理。它也不符合中国的实际，党的十七大报告重申，我国仍处于并将长期处于社会主义初级阶段的基本国情没有变，人民日益增长的物质文化需要同落后的生产力之间的社会主要矛盾没有变。所以，我国仍然要以经济建设为中心。胡锦涛在庆祝中国共产党成立 90 周年大会上强调，以经济建设为中心是兴国之要，是我们党、我们国家兴旺发达、长治久安的根本要求。在党的十八大报告中，胡锦涛再次强调说，以经济建设为中心是兴国之要，发展仍是解决我国所有问题的关键。只有推动经济持续健康发展，才能筑牢国家繁荣富强、人民幸福安康、社会和谐稳定的物质基础。必须坚持发展是硬道理的战略思想，决不能有丝毫动摇。

正确学习并运用“市民社会决定国家”的基本原则，就是要求我们在社会主义建设过程中要始终以经济建设为中心。特别在当前阶段，坚持这一点显得尤为重要。

2. 市场经济体制改革

市民社会与国家的分离是现代社会发展的重大进步。马克思改造了黑格尔的唯心主义，从人类社会发展客观规律和历史进程出发，理解市民社会与国家的分离及其现实意义。传统社会是由国家权力主导的自上而下的等级社会，基本特征是人依附于共同体中，没有独立人格和行为自由；集权政府主导经济活动，人们的经济活动处于政治权力的控制之下，市民社会还没有从国家中脱离出来，成为独立的、自治的私人经济领域。资本主义的发展打破了市民社会与国家的一体化，市民社会成为独立领域，按照自身的经济规律和各利益主体的经济交往而运行。在开创和发展中国特色社会主义道路的进程中，我们学习“市民社会与国家分离”的思想，就是要在改革市场经济体制上实现政府与市场的“适度距离”，防止国家权力过多地干涉市场经济。

新中国成立以后，我国在对农业、手工业和资本主义工商业进行社会主义改造、在有计划地开展大规模经济建设过程中，基本上是照搬苏联模式，逐步建立全国统一的、高度集中的计划经济体制，实际上是将“市民社会”牢牢地掌握在国家和政府权力手中。这种经济体制能够迅速动员群众、组织社会资源集中力量办大事，在促进社会主义工业化和发展生产力方面起过积极作用。但它的弊端也是非常明显和严重的。党的十一届三中全会以后，我国实际上开始探索经济体制改革，逐步从计划经济向社会主义市场经济转变。市场经济体制实际上是将经济活动和经济组织从国家的“强权”中脱离出来，主要通过市场（而不是国家计划）来进行资源配置，通过培育独立的市场主体、利益主体来组织社会生产，通过利益主体之间的竞争进行经济交往。应该说，经过30多年的探索，我国已经建立并逐步完善社会主义市场经济体制；人们的市场经济意识逐步增强，能够依照客观经济规律办事；经济活力增强，发展潜力巨大。但不可否认的是，30多年的经济建设、市场经济运行基本都是在国家权力主导下进行的。可以说，我国的社会主义市场经济体制是“国家权力”或“政府权力”主导下的市场经济体制。政府与市场没有“适度分离”，权力与资本形成了共谋。有些学者将其称为“权贵资本主义”或“权力市场经济”。我国社会主义市场经济发展并不是反对政府的作用，而是说要限制和制约政府行为和权力干涉，保持政府与市场的边界。当前，这个“边界”过于模糊，权力过多地渗透到市场经济中，导致了权力寻租、官员腐败、不平等竞争等严重问题。比如，前些年的厦门远华案、广东湛江走私案、沈阳慕马案等腐败案都是权力与资本共谋的结果。不法市场主体通过金钱贿赂当地官员（权贵），蜕化变质的权贵通过手中的公共权力充当不法商人的保护伞。在这一过程中，不法商人通过权力干涉，获得了更多的经济利益，扰乱了公平竞争的市场秩序；官员通过权力置换到了财富。这种“权贵资本主义”近年来不但没有被遏制住，反而在相当多的领域如房地产领域蔓延开来。

防止“权贵资本主义”，实现国家权力与市场的“适度距离”，可以从如下几个方面入手：

第一，政府职能转变。政府职能转变不到位是目前经济社会领域诸多矛盾、权力寻租的体制性根源。政府应从“全能型”转变为“服务型”。政府不应成为市场利益主体，不应成为资源配置的基础，而是公共产品和公共服务的提供者。政府要准确定位在经济领域的角色，推进行政体制改革，向企业、市场、社会放权，着力建设服务型政府。实现政府职能转变，关键在于要深化行政体制改革。深入推进政企分开、政资分开、政事分开、政社分开，建设职能科学、结构优化、廉洁高效、人民满意的服务型政府。深化行政审批制度改革，继续简政放权，推动政府职能向创造良好发展环境、提供优质公共服务、维护市场经济的公平正义转变。稳步推进大部门制改革，健全部门职责体系。创新行政管理方式，提高政府公信力和执行力。严格控制机构编制，减少领导职数，降低行政成本。推进事业单位分类改革。完善体制改革协调机制，统筹规划和协调重大改革。

第二，建立健全权力运行制约和监督体系。一方面，我们不走封闭僵化的计划经济老路；另一方面，也不能采取西方的自由放任的经济政策，而应在理清政府、社会、市场关系基础上，发挥政府的调控作用。但必须对公共权力进行监督和限制。通过民主、法治等手段，特别是制度体系来监督和制约公共权力的运用，最大限度地防止权力寻租、权钱交易。胡锦涛在党的十八大报告中指出，要建立健全权力运行制约和监督体系。坚持用制度管权管事管人，保障人民知情权、参与权、表达权、监督权，是权力正确运行的重要保证。要确保决策权、执行权、监督权既相互制约又相互协调，确保国家机关按照法定权限和程序行使权力。坚持科学决策、民主决策、依法决策，健全决策机制和程序，建立决策问责和纠错制度。凡是涉及群众切身利益的决策都要充分听取群众意见，凡是损害群众利益的做法都要坚决防止和纠正。推进权力运行公开化、规范化，完善党务公开、政务公开、司法公开和各领域办事公开制度，健全质询、问责、经济责任审计、引咎辞职、罢免等制度，加强党内监督、民主监督、法律监督、舆论监督，让人民监督权力，让权力在阳光下运行。

第三，积极培育社会组织，形成“小政府、大社会”的社会治理模式。采取多种措施培育具有自主和独立意识的市场利益主体，催生自治功能的社会组织。

3. 社会组织建设

马克思主义市民社会理论特别是市民社会与国家分离或相互分化的思想对当前我们的重要启示尤其体现在处理好国家与社会、政府与市场之间的关系。前文，我们提出了要通过经济体制改革和政府职能转变来实现国家与社会、政府与市场的“适度距离”，接下来，我们主要着眼社会组织，来谈谈如何培育中国的市民社会或公民社会，从而发挥国家与社会之间的良好互动。

其实，在黑格尔那里，就有社会组织的相关理论。不过，他使用的是同业公会或地方自治体等概念。同业公会是市民社会内部的重要构成部分。它是维护共同的特殊利益，代表的是特殊利益中的共同利益，介于私人利益与国家普遍利益之间。同业公会一方面，协调市民社会各成员之间的利益关系、纠纷；另一方面，也是市民社会与国家之间沟通的中介，从而能够实现市民社会与国家之间良好互动。当然，在黑格尔那里，更重要的是市民社会通过同业公会实现向国家的过渡，即各种私人利益通过同业公会逐步统一到国家的整体利益之中。马克思在剔除黑格尔唯心主义因素后，实际上继承了黑格尔有关“同业公会”等相关思想。

改革开放之后，随着社会主义市场经济的形成与发展，我国的社会组织不断发展起来，它大致可分为三个阶段：第一阶段是我国社会组织的恢复和发展时期，大致从 1978 年到 1988

年，很多在“文化大革命”期间中断的社会组织和人民团体逐步恢复和发展起来。这阶段的特点是政府直接对社会组织进行管理。政府直接领导甚至管理社会组织，社会组织的机构设置、人员配备、活动方式、管理手段套用行政办法，有的套用行政级别，分别为部、局、处、科级社团，还配备相应级别的管理干部。第二阶段是我国社会组织探索发展的时期，大致从1988年到1998年。我国社会组织发展进入逐步规范时期，其特点是从制度和法律上规范社会组织。党的十三大指出，必须抓紧制定新闻出版、结社、集会、游行等法律，建立人民申诉制度，使宪法规定的公民权利和自由得到保障，同时依法制止滥用权利和自由的行为。党的十三大后，中央正式将结社立法的建议委托给民政部。为了规范社会组织管理，民政部成立了“结社法起草小组”，开始调查了解社会组织的情况，同时，征求有关部门和各类社会组织对结社立法的意见和要求，起草了《中华人民共和国结社法》。1988年国务院进行机构改革，进一步明确将社会组织管理的职能交给民政部并批准设立社团管理机构，专门对社团管理提供指导。1989年10月经国务院正式批准，颁布了《社会团体登记管理条例》。从此，确立了社会组织由社团业务主管部门审批，在民政部登记后，由业务主管部门对社会组织进行业务指导和日常管理的“双重管理体制”。第三阶段是我国社会组织规范发展时期，大致从1998年至今。特别是十六大以来，党中央围绕科学发展与和谐社会的建设，对新时期加强社会组织管理与建设做出了深刻理论阐释。党的十六届三中全会立足完善社会主义市场经济体制，提出了要“按照市场化原则规范和发展各类行业协会、商会等自律性组织”。十六届四中全会从加强党的执政能力建设出发，要求“发挥社团、行业组织和社会中介组织提供服务、反映诉求、规范行为的作用，形成社会管理和社会服务的合力”。十六届五中全会围绕国家“十一五”规划纲要，提出要“规范引导民间组织有序发展”，“完善民间组织自律机制，加强和改进对民间组织的监管”。十六届六中全会从构建社会主义和谐社会的高度，提出“健全社会组织，增强服务社会功能。坚持培育发展和管理监督并重，完善培育扶持和依法管理社会组织的政策”，发挥各类社会组织在经济社会全面发展中的积极作用，“引导各类社会组织加强自身建设，提高自律性和诚信度”。党的十七大报告第一次明确地提出“重视社会组织建设和管理”要求，指出要发挥社会组织在扩大群众参与、反映群众诉求方面的积极作用，增强社会自治功能。党的十八大报告提出要“引导社会组织健康有序发展，充分发挥群众参与社会管理的基础作用”。十八届三中全会又明确指出要激发社会组织活力，推进社会组织明确权责、依法自治、发挥作用。这表明，党和政府对社会组织从最初的管理与监督，开始转变为支持和引导。

尽管随着我国社会主义市场经济的发展，党和国家对社会组织和社会建设的重视不断加强，但我国的社会组织建设还比较薄弱，还无法为发展成熟、独立的市民社会提供切实的条件。新时期，影响我国社会组织、社会建设乃至市民社会培育的因素主要有下面两点：

第一，对社会组织的认识出现偏差。对社会组织存在两种普遍的错误观点：一种观点认为，社会组织在我国的社会政治生活中无足轻重，起不了什么作用，对我国的经济发展也没什么影响。这实际上还是计划经济体制下的思维方式。这种思维方式将“国家”定位为“全能管家”，既能发展好经济，又能搞好政治建设，还能直接管理人民的生活。国家能总揽一切，管理好一切，所以没必要培育和发展社会组织。还有一种观点对社会组织持害怕敌视的态度。一些人总认为社会组织发展强大起来，会影响到党的执政，会影响政府的控制力；社会组织会跟党和政府唱反调、对着干。特别是一些党员干部总是对社会组织和市民社会（公民社会）建设持敌视态度，认为社会组织是西方的“舶来品”，充满了资产阶级政治色彩，对中国特色社会主义民主政治建设，特别是对加强中国共产党的执政基础构成了威胁。他们总是把社会组织或民间组织一概看成是抵制或对抗政府的异己力量。

第二，社会组织管理制度不健全。这主要体现在社会组织制度方面的“制度不足”与“制度重叠”。“制度不足”指的是现行的社会组织法规或制度缺乏针对性、操作性和前瞻性，已经很难适应飞速发展的市民社会和市场经济。例如，缺乏针对行业协会、专业性社团、学术性社团和联合性社团以及志愿者工作的分门别类的管理法规。“制度重叠”指关于社会组织的许多规定大量交叉、繁琐、滞后和多变。对许多社会组织的管理，不仅有国务院的条例，还有民政部的细则，不仅有省级政府的细则和规定，还有地市级政府，甚至还有县级政府的“意见”。制度上的不健全，一方面，无法监管社会组织；另一方面，也无法积极培育独立的社会组织。

在新时期下，加强我国社会组织建设，根本上是加强制度建设。但推动社会组织制度建设的前提是，我们要正确认识社会组织，充分意识到社会组织建设的重要性和必要性。下面，我们主要谈谈社会组织建设在我国社会主义现代化过程中的重要意义。

第一，社会组织是社会自治的载体，社会组织建设推进社会自治。马克思十分强调社会自治，他认为推翻资产阶级的官僚管理制度之后，取而代之的是人民群众的自我管理，也就是社会自治。社会自治或人民群众的自我管理是社会主义民主政治的重要组成部分，也是社会主义政治优于资本主义民主政治的重要方面。人民群众的自我管理不是无组织的，而是有组织地实现的。社会组织的主要功能是：一是提供了社会自治的组织载体。社会自治的组织载体，不应是政府组织，而应该是人民群众直接参与的民间组织。所以说，没有健全的公民社会自治组织，就不可能有真正的社会自治。二是提高了社会自治的公共服务的质量。改革开放之前，公共服务都是由政府承担的，政府是公共服务唯一的提供者和承担者。而马克思主义市民社会理论告诉我们，市民社会存在着社会自治组织，它们也是公共服务的主体。我们的政府要从全能型政府向有限型政府转型，把那些没必要由政府承担、并且社会民间组织完全可以承担的公共服务转让出去。也就是说，将更多的事务特别是某些公共服务职能交由社会民间组织去管理，充分发挥社会民间组织的社会自治功能。并且，还可以引入市场竞争机制，选择最好的自治组织来承担相应的公共服务，从而有效降低公共服务的成本，提高公共服务的质量。

第二，社会组织是政府改革的外部动力。推动政府改革创新、体制转型的动力有政府内部的，也有外部的。外部的动力有公民个人的，也有社会组织的。其中社会组织的动力更为强大。社会组织推动政府改革体现在两个方面：一是影响政府决策。许多社会组织，尤其是那些专业性学术研究团体，具有丰富的专业知识，它们为政府决策提供咨询和参谋，承担起政府智囊的角色，促进了政府决策的科学化。社会组织代表民间意见和群众利益，通过发出自己的声音来影响政府决策，使得政府决策体现民意。作为独立的第三方，社会组织要求政府决策进一步公开和透明，推动了政府决策的民主化。二是制约和监督政府公共权力。制约和监督国家权力是现代市民社会的基本特征，也是现代民主政治的基本要求。市民社会成员即公民都有监督政府公共权力的权利。但是与强大政府权力相比，单个的个体是比较薄弱的，无法与政府权力形成有效的抗衡力量，这就需要将分散的个体结合成有机的整体即社会组织，才有可能抵制来自政府的强权。社会组织将来自民间的单个力量汇聚起来，形成一种群体性力量，以一种团体的诉求，对政治权力进行约束和制衡。

第三，社会组织是市民社会与政府实现良性互动的中介和桥梁。社会组织能在国家与社会之间架起一座桥梁，起着一种纽带作用。一方面，社会组织是民间自治组织，是人民群众的自我管理的组织，能够充分反映人民群众的利益诉求、政治主张和民生方面的意见。政府通过社会组织能够很好地倾听人民呼声，了解人民实情。另一方面，政府的政策和制度在制定和实施过程中，可以通过社会组织广泛听取人民群众的意见，获得反馈。

（二）人民主权和民主法治思想的启示

《批判》蕴含着丰富的自由民主法治特别是人民主权思想。它们是我们推进中国特色社会主义政治建设的重要思想资源。《批判》的当代意义的一个重要方面就是：马克思自由民主法治思想为推进中国特色社会主义政治改革、促进政治民主化确立了基本的价值理念。

1. 消除人治、专制等落后思想，树立自由、平等、民主、法治等现代政治价值理念

普鲁士国家是一个专制传统深厚的国家。黑格尔站在保守主义立场上，通过君主主权理论为普鲁士专制统治辩护。马克思在《批判》中继承了卢梭等资产阶级学者的自由民主等现代政治思想和价值理念，批判了君主专制、人治等落后的腐朽的思想，强调了自由民主等现代价值理念的意义。

我国的社会主义脱胎于半殖民地半封建社会，几千年专制的旧传统、旧习惯仍然对社会主义民主政治建设产生消极影响，现实生活中的家长制作风、官僚主义、特权思想等仍有一定的市场。这些腐朽落后的东西毒害社会风气，腐蚀人们的心灵，阻碍了政治民主化进程。政治民主化的主体是公民，而公民的文化素质、思想意识和政治价值观念在民主政治中具有基础性作用。而当前，许多公民人治、特权思想根深蒂固，民主法治意识淡薄严重阻碍了政治民主化进程，影响中国特色社会主义政治发展道路。所以，提高公民的思想文化素质，塑造现代政治价值理念是发展民主政治的重要任务。当然，并不仅仅对公民进行政治民主、法治观念的教育，在当前，更为重要、更为迫切的是，树立领导干部的民主法治意识。很多领导干部受传统专制思想禁锢，家长制作风、官僚主义作风严重，在实际工作过程中，只讲“集中”不讲“民主”；只讲个人权威，不讲法治和制度；只讲下级服从上级，不讲下级监督上级，等等。我们应当用马克思主义的民主法治思想以及其他正确的政治文明成果来武装领导干部的头脑，用民主价值理念指导他们的工作，改善工作作风，提升民主决策的程度，切实推进政治民主化进程。

2. 马克思主义的人民主权理论要求我们党要始终坚持和落实“以人为本、执政为民”

我们的党是马克思主义政党，我们的国家制度是社会主义制度。马克思的人民主权或主权在民的原则在我国宪法里得到确认。我国宪法第二条开宗明义地表明我国国家权力的来源和归属，即“中华人民共和国一切权力属于人民”。人民主权或主权在民的原则决定了我们党执政的正当性和合法性只能是“立党为公、执政为民”。我们党要以全心全意为人民服务为宗旨，在不断深化改革、扩大开放、带领人民实现科学发展、全面建成小康社会的进程中，要始终将实现好、维护好、发展好最广大人民群众根本利益为基本要求，始终保持同人民群众的血肉联系，将群众答应不答应、高兴不高兴、满意不满意作为一切工作的出发点和落脚点。党员和领导干部要在实际工作中践行“以人为本、执政为民”的执政理念，自觉做到权为民所用、情为民所系、利为民所谋。

我们应当把马克思主义的人民主权原则融入到党的执政能力建设中。党的执政能力建设必须围绕“人民”这一原点展开，这是由马克思主义人民主权原则所决定的，也是马克思主义人民主权原则在中国共产党身上的具体体现。在执政能力建设的理念方面，必须把人民作为执政的出发点。中国共产党作为执政党没有自己的特殊利益，而是始终把人民放在至高无上的地位；在执政能力建设的评价上，把能否顺应人民群众要求，维护好人民群众利益作为衡量执政能力高低的标准；在执政能力建设的方式上，要依靠人民执政，支持和保证人民当家作主，以党内民主带动人民民主。

党的十八大报告指出，提高党的建设科学化水平的一个重要要求就是坚持以人为本、执政为民，始终保持党同人民群众的血肉联系。为人民服务是党的根本宗旨，以人为本、执政为民是检验党一切执政活动的最高标准。任何时候都要把人民利益放在第一位，始终与人民心连心、同呼吸、共命运，始终依靠人民推动历史前进。围绕保持党的先进性和纯洁性，在全党深入开展以为民务实清廉为主要内容的党的群众路线教育实践活动，着力解决人民群众反映强烈的突出问题，提高做好新形势下群众工作的能力。完善党员干部直接联系群众制度。坚持问政于民、问需于民、问计于民，从人民伟大实践中汲取智慧和力量。支持工会、共青团、妇联等人民团体充分发挥桥梁纽带作用，更好反映群众呼声，维护群众合法权益。

3. 坚持马克思的普遍参与立法的价值理念，完善人民代表大会制度，从制度上保障人民当家作主

马克思在《批判》中提出人民主权思想，认为人民是立法的真正主体；人民应积极普遍地参与立法活动，参与政治生活，行使自己的权力。我们应当以马克思的人民立法主体、普遍参与立法、普遍参与政治生活等价值理念为政治文明建设的方向，走中国特色社会主义政治发展道路。中国特色社会主义政治发展道路关键在于党的领导、人民当家作主和依法治国三者的有机统一。而“人民当家作主”是中国特色社会主义政治建设的重要组成部分。贯彻马克思主义人民主权思想，实现人民当家作主地位的制度保障，就是坚持、完善和发展人民代表大会制度。

人民代表大会制度是我国人民民主专政的政权组织形式，是我国的根本的政治制度。中华人民共和国的一切权力属于人民。人民行使国家权力的机关是全国人民代表大会和地方各级人民代表大会。人民代表大会制度是适合我国国情的根本政治制度，它直接体现了我国人民民主专政的国家性质，符合人民当家作主的宗旨，确保国家权力掌握在人民手中。所以，我们要旗帜鲜明地反对西方“三权分立”的资产阶级政治制度，坚持人民代表大会制度。党的十八大报告指出，要把制度建设摆在突出位置，充分发挥我国社会主义政治制度优越性，积极借鉴人类政治文明有益成果，绝不照搬西方政治制度模式。

我们要坚持走中国特色社会主义政治发展道路，坚持和完善人民代表大会制度。但人民代表大会制度在实践过程中也出现了很多问题，我们应在实践过程中不断完善和发展人民代表大会制度。

第一，选举制度的具体规定和程序不够科学、不够完善。我国人大代表选举采用直接选举与间接选举并用原则。间接选举使得人大代表代表民主的广泛性甚至可能性下降，尤其是县级人大代表选出地市级人大代表，地市级人大代表选出省级人大代表，省级人大代表选出全国人大代表。马克思指出，要以人民普遍参与立法为价值追求目标，不断扩大选举权和被选举权，使得选举出来的代表真正代表广泛的民意，是广大人民利益的代言人。我们应创造更多条件，逐步扩大直接选举的比例。在代表构成上，要逐步提高基层人大代表特别是一线工人、农民、知识分子代表比例，降低党政领导干部代表比例。

第二，人大代表在反映人民呼声、维护人民利益方面力度不够。各级人大代表是由民主选举产生的，理应对人民负责；人大代表应当在立法、监督、决定重大事项等工作中表达人民利益诉求，体现人民意愿。然而，在很多情况下，人大代表行使人民所赋予的权力的时候，并没能很好地反映人民呼声、代表人民利益、维护人民权利。我们要从制度上完善人大代表与人民群众的联系，使得民意更好地得到表达。比如，在人大设立代表联络机构，完善代表联系群众制度。

第三，没有形成监督人大代表的有效机制。人民不仅有权选择自己的代表，随时向代表反映自己的要求和意见，而且对代表有权监督，有权依法撤换或罢免那些不称职的代表。但在我们的实际政治生活中，还没有形成人民监督人大代表的有效机制。比如，开展人大代表向选民述职，接受选民评议工作的机制。

第四，人大监督的作用有待加强。按照宪法和有关法律规定，我国的立法权由全国人大及其常委会行使，行政权、审判权和检察权由国家权力机关以立法形式分别赋予有关机关行使，并对国家权力机关负责；各级国家行政机关、审判机关和检察机关都由权力机关产生，对本级国家权力机关负责，并受其监督。当前，我国人大监督存在许多问题。比如，一些人大代表受自身的政治、能力和文化素质等方面的制约，参政议政的能力不强，对行政机关难以形成有效监督；一些人大代表监督意识不强，总是做“老好人”；偏重于事后的追惩性监督、弱化了事前和事中的监督；监督手法过于柔性，独立、刚性的监督手法很少运用；监督机制不够科学化（例如，同级政府掌握着人大机关的活动经费、事业经费等，使得同级人大对政府的监督放不开手脚，人大很难行使独立完整的监督权），等等。

结　语

总而言之，《黑格尔法哲学批判》是马克思真正进入到政治和国家研究领域的第一部著作。黑格尔法哲学是马克思研究国家学说的“中介”，马克思通过对黑格尔思辨国家理论的批判性分析，为开创自己的政治哲学和国家学说奠定了基础。马克思批判了黑格尔在国家问题上的思辨唯心主义实质，正确厘清了市民社会与国家之间的关系。针对黑格尔的“君权神授”的国家主权理论，马克思提出了“人民主权”概念，指出了“民主共和国”是现代国家的基本形式，现代民主是现代国家制度得以建构的基本原则。黑格尔将官僚政治视为“理性精神”和“普遍利益”的体现，马克思揭露了官僚政治的谎言，对官僚制持批判态度，并且开创了以特殊利益（尔后发展为阶级利益）研究官僚制度的先河。马克思正确阐述了私有财产和国家制度与立法权之间的关系，批判了黑格尔的狭隘立法权的观点，表达出普遍立法权、普遍参与制等现代民主政治思想。以上诸多思想并没有随着时代变迁而过时，恰恰相反，在当代中国民主进程中，它们越来越彰显出独特价值。由此可见，我们在今天阅读这本经典著作仍然是非常必要的。